경기순환
알고 갑시다

경기순환 알고 갑시다

김영익 지음

BUSINESS
CYCLE

위너스북 WINNER'S BOOK

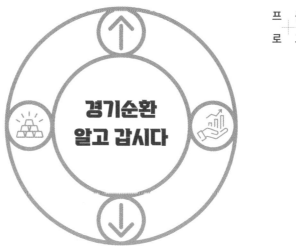

저는 2021년에 『금리와 환율 알고 갑시다』라는 책을 출간했습니다. '금리와 환율만 알면 경제공부 다했다'는 말이 나올 정도로 이 두 경제변수가 중요하기 때문입니다. 이 책에서 저는 금리와 환율의 기본 개념을 쉽게 설명하려고 노력했습니다. 또 금리와 환율이 다른 여러 가지 국내외 경제변수와 어떤 관계가 있는지도 살펴보았습니다. 독자분들의 꾸준한 수요가 있었습니다.

금리와 환율 못지않게 중요한 게 경기입니다. 제가 아는 지인 중에 큰 부를 축적한 분은 늘 '시대에 당하지 말자'라는 말을 합니다. 개인에게 당하면 일부 자산을 잃을 수 있지만, 시대에 당하면 모든 자산을 잃을 수도 있다는 것입니다. 반대로 시대의 흐름을 알면 큰 부를 얻을 수 있다는 의미가 되겠지요. 기업경영에도 마찬가지일 것입니다. 미래의 경기를 모르고 과잉투자했다가 기업이 파산하는 경우도 많습니다.

저는 이 책에서 경기의 기본 개념을 설명하고 경기를 판단할 수 있는 다양한 경제지표를 제시했습니다. 경제에 문외한 분들도 경기를 쉽게 이해할 수 있도록 쓰려고 노력했습니다. 경제지표와 주가의 관계도 연결시켰습니다. 이 책에서 다룬 경기 관련 데이터는 매월 혹은 매분기마다 발표됩니다. 독자 여러분께서 이를 계속 업데이트한다면 스스로 경기를 판단할 수 있게 될 것입니다.

이 책의 구성은 다음과 같습니다. 우선 1장에서는 경기순환의 기본 용어와 경제지표 변동요인을 다뤘습니다. 그 다음 장부터는 경기를 판단할 수 있는 주요 경제지표를 어디서 발표하고 어떻게 구체적으로 경기와 관련시켜야 할 것인가를 살펴보았습니다. 2장이 가장 중요합니다. 통계청의 산업활동동향에서 현재의 경기를 판단하고 미래의 경기를 전망할 수 있는 경기종합지수를 볼 수 있기 때문입니다. 3장에서 국내총생산(GDP)를 다뤘는데, 이를 보고 우리는 한 나라 경제의 총체적 상황을 판단할 수 있습니다.

4장에서는 수출과 경기의 관계를 살펴보았습니다. 우리 코스피와 상관계수가 가장 높은 경제변수가 일평균 수출금액이기 때문에 주식 투자자들은 이 장을 꼭 보아야 할 것입니다. 5장에서는 경제심리지수를 살펴보았습니다. 특히 뉴스심리지수는 모든 경제변수에 선행하는 경향이 있습니다. 6장에서는 고용을 다뤘습니다. 미국 연방준비제도의 통화정책 목표는 물가안정과 고용극대화입니다. 이런 의미에서 고용통계는 매우 중요합니다.

7장에서는 2022년 이후 가장 큰 경제 이슈였던 물가를 다뤘습니다. 이 장에는 물가와 자산가격의 관계도 분석되어 있습니다. 마지막 8장에는 우리가 꼭 보아야 할 데이터 찾는 방법을 제시했습니다.

경기국면을 알면 자산을 적절하게 배분하면서 부(富)를 돈을 안정적으로 늘릴 수 있습니다. 부의 더 좁은 범위가 돈입니다. 저는 '돈이란 하고 싶은 일을 하고 싶을 때 하게 만드는 것이다'라고 정의해봅니다. 이 책이 기업을 성장시키고 개인의 부를 늘리는 데 작게라도 도움이 되었으면 합니다.

2023. 3.

김영익

프롤로그 : 경기순환 알고 갑시다   5

1부
통계로 보는 경기순환

1장 │ 경기순환의 기본

거시경제의 흐름을 알아야 성공합니다   19

경기는 순환합니다   21

경기는 확장과 수축을 반복합니다   22

경기 정점과 저점이 발생한 월을 기준순환일이라 합니다   23

확장국면이 수축국면보다 길었습니다   26

경기에는 파도처럼 크고 작은 파동이 있습니다   29

모든 경제지표에는 네 가지 변동요인이 혼재합니다   34

순환변동치로 경기를 판단합니다   39

2장 | 산업활동동향

산업활동동향은 경기 판단의 기준입니다   40

출하와 재고동향으로 제조업 경기를 알 수 있습니다   45

재고/출하 비율로 제조업 경기와 주가 국면도 알 수 있습니다   48

서비스 활동으로 내수경기를 알 수 있습니다   50

금융업종 주가가 서비스업 생산에 선행합니다   52

동행지수 순환변동치가 현재의 경기를 나타내는 대표적 지표입니다   53

경기를 예측하기 위해서는 선행지수 순환변동치를 보아야 합니다   55

OECD에서도 한국의 선행지수를 발표합니다   58

주가지수와 선행지수는 거의 동행합니다   60

장단기 금리차로 선행지수를 예측해볼 수 있습니다   62

3장 | 국내총생산

GDP는 생산, 분배, 지출 측면에서 측정합니다   65

실질 GDP와 명목 GDP의 차이   68

GDP는 속보치, 잠정치, 확정치 순서로 발표합니다   72

GDP 성장률 발표 방식은 국가마다 다릅니다   76

GDP 기여도는 무엇일까요   78

우리 GDP가 세계에서 차지하는 비중은 2% 정도입니다   82

한국은행의 경제전망은 이렇습니다   83

한국은행은 경제전망을 얼마나 정확하게 했을까요   87

한국개발연구원 경제전망도 보아야 합니다   88

IMF에서도 한국 경제를 전망합니다   92

민간 경제연구소에서는 금리와 환율까지 전망합니다   98

블룸버그 등에서는 경제전망 컨센서스를 발표합니다   99

한국의 잠재성장률이 하락하고 있습니다   101

GDP 갭률이란 실제와 잠재 GDP의 % 차이입니다   104

코스피는 장기적으로 명목 GDP 이상으로 상승합니다   106

제2부
경기순환과 실제 응용

4장 | 수출입과 국제수지

세계에서 제일 빨리 발표하는 한국 수출입 통계   110

수출통계에서 주요 업종 경기를 알 수 있습니다   113

국가별 수출통계에서 세계 경제 흐름을 알 수 있습니다   117

우리나라는 중국과 미국에서 돈을 벌어 중동과 일본에 씁니다   120

2000~2022년 우리나라 무역수지 흑자 중 중국 비중이 91%였습니다   122

관세청에서는 10일, 20일 단위로 수출입 통계를 발표합니다   124

코스피와 상관계수가 가장 높은 경제변수가 일평균 수출액입니다   125

상품수지는 흑자입니다   129

국제수지 통계의 기본   131

경상수지 흑자폭이 축소되고 있습니다   133

대외 직접투자와 증권투자가 계속 늘고 있습니다   136

경상수지 흑자 이유는?   138

소득수지 흑자로 경상수지 흑자 유지   140

국민연금의 해외 투자 역할 중요   144

5장 | 경제심리지수

소비자동향조사 결과로 가계의 소비심리를 알 수 있습니다   146

기대인플레이션율이 중요합니다   151

소비심리는 주가와 거의 같은 방향으로 움직입니다   152

기업경기실사지수로 기업의 경기를 알 수 있습니다   154

대기업과 중소기업 경기의 차별화가 심합니다   158

채산성 BSI는 주가와 동행합니다   161

비제조업 BSI가 제조업보다 더 낮습니다   162

BSI는 전경련에서도 발표합니다   163

PMI도 기업경기 실사지수입니다   166

경제심리지수는 경제상황에 대한 종합심리입니다   171

뉴스심리지수는 모든 경제변수에 선행합니다   173

6장 | 고용통계

통계청에서 매월 고용동향을 발표합니다   179

일주일에 한 시간만 일해도 취업자입니다   181

고용률이 가장 중요한 지표입니다   183

서비스업 고용비중이 79%입니다   185

자영업자 비중이 절대적으로 높습니다   186

고용은 연준의 중요한 정책목표입니다   188

7장 | 인플레이션

2022년 세계경제가 3고에 시달렸습니다   194

소비자물가지수가 대표적 물가지수입니다   195

소비자물가지수는 특정 기간의 '생활비'를 측정하는 척도입니다   197

통계청에서 소비자물가지수를 작성 발표합니다   198

소비자물가에는 458개 품목의 물가가 들어있습니다   201

물가가 오르는 이유는 여기에 있습니다   205

비용상승형 인플레이션일 경우 정책 수단에 한계가 있습니다   208

경기확장국면에서 물가가 오릅니다   209

물가보디 선행지수가 더 빨리 증가할 때 주가가 오릅니다   212

장기적으로 물가보다 자산가격이 더 올랐습니다   213

8장 | 경제지표 보는 법

한국은행에서 GDP 데이터를 볼 수 있습니다   216

통계청에서 산업활동, 물가 등을 발표합니다   218

산업통상자원부에서 발표하는 수출은 특히 중요합니다   220

제1부
통계로 보는 경기순환

경기순환의
기본

1장
#경기순환 #기준순환일 #경기파동 #순환변동치

제가 아는 지인 중에 큰 부를 축적한 분이 있습니다. 이분은 늘 '시대에 당하지 말자'라는 말을 합니다. 개인에게 당하면 일부 자산을 잃을 수 있지만, 시대에 당하면 모든 자산을 잃을 수도 있다는 것입니다. 반대로 시대의 흐름을 알면 큰 부를 얻을 수 있다는 의미가 되겠지요.

거시경제의 흐름을 알아야 성공합니다

시대의 흐름은 사회, 정치, 경제 등 모든 것을 포함합니다. 이 가운데서도 거시경제 흐름이 으뜸이 아닐까요. 특히 투자에서 그렇습니다.

2020년 상반기에 삼성전자 주가가 9만 원을 넘어섰습니다. 당시 일부 애널리스트(기업분석가)나 투자자들이 '10만 전자'라는 이야기를 하면서 삼성전자 주가를 낙관적으로 전망했습니다. 그러나 미래의 경기를 예고해주는 통계청의 선행지수 순환변동치*(뒤에 자세히 설명드리겠습니다.)는 그해 6월을 정점으로 꺾이고 있었습니다.

그 이후 실제로 경기가 나빠지기 시작했고 삼성전자 이익도 줄어들었습니다. 2022년 4분기 삼성전자 영업이익이 4조 3,000억 원으로 33분기 만에 최저치를 기록했습니다. 주가는 이를 선반영하면서 52,000원까지 떨어졌습니다. 거시경제 흐름만 알아도 삼성전자 주식을 9만 원대가 아닌 6만 원 전후에서 살 수 있다는 의미입니다.

삼성전자를 한 예로 들었습니다만, 다른 자산에 투자할 때나 기업의 의사 결정에도 거시경제 흐름은 매우 중요합니다. 얼마 전 일간 신문에서 유명한 사업가가 기업 인수·합병(M&A)을 통해 사업을 확장해 놓았는데 최근에 자금이 부족해서 어려운 상황에 있다고 했습니다. 그는 실패의 원인이 '매크로(Macro)'를 무시한 데 있다고 실토했습니다. 여기서 매크로는 다름 아닌 거시경제 흐름입니다.

·····································

* 추세·순환계열인 선행종합지수에서 추세요인을 제거하여 산출한 것으로서, 향후 경기국민과 전환점의 단기 예측하는데 활용된다.

**경기는
순환합니다**

그렇다면 거시경제의 흐름은 무엇일까요? 공식적 용어로 '경기순환'입니다. 경기와 순환이 합쳐진 단어입니다. 경기부터 설명해보겠습니다.

개인에 따라 경기는 달라질 수 있습니다. 같은 시기인데도 개인의 주머니 사정에 따라 어떤 사람은 경기가 좋다고 하고 어떤 사람은 나쁘다고 할 수 있습니다. 산업별, 기업별로도 경기에 대한 판단이 다를 수 있습니다. 2022년 하반기에 강의 다니면서 기업인을 만나보면 대부분이 경기가 어려워지고 있다고 대답합니다. 그러나 조선 업종에 종사하는 사람들은 회사가 적자에서 벗어나 흑자를 내고 앞으로도 더 좋아질 것으로 내다보고 있습니다.

이렇게 되면 경기의 의미가 모호해집니다. 그래서 경기(景氣)를 정의할 필요가 있습니다. 경기의 교과서적 의미는 '국민경제의 총제적 활동수준'입니다. 개별 개인이나 기업 경기가 아니라 한 국가 경제의 총체적 활동이라는 의미입니다.

이제 순환의 의미도 살펴보겠습니다. 경제 활동을 나타내는 경제지표는 대부분 장기적으로 추세를 따라 성장합니다. 그러나 이 지표들이 일직선으로 상승하지는 않습니다. 경제지표가 장기 추세선 위로 갈 수도 있고, 때로는 추세선 아래로 갈 수도 있습니다. 이를 순환이라 합니다.

이제 경기순환이라는 단어를 정의하겠습니다. 경기순환(business

cycle)이란 총체적 경제활동이 경제의 장기 성장추세를 중심으로 확장과 수축을 반복하며 성장하는 현상입니다.

경기는 확장과
수축을
반복합니다

경기순환을 정의했습니다. 이제 그 안에 포함되는 여러 기본 용어들을 알아보겠습니다. 경기순환에서 경기가 가장 나쁜 때를 저점 (trough), 가장 좋은 때를 정점(peak)이라 합니다. 경기 저점에서 정점까지를 확장(expansion) 국면이라 부릅니다. 경기가 정점을 치고

그림 1-1 ▶ 경기순환

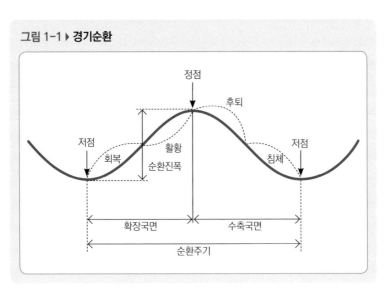

자료: 통계청

나빠지는데, 다음 저점까지를 수축(contraction) 국면으로 표시합니다. 순환주기는 확장국면과 수축국면을 합친 것입니다.

확장국면은 회복국면과 활황국면으로 세분해서 분류되기도 합니다. 회복국면은 경기가 저점을 치고 좋아지기 시작할 때이고 활항국면은 경제 활동이 아주 활발할 때입니다. 수축국면은 후퇴와 침체국면으로 나누기도 합니다. 경기가 정점을 치고 나빠지기 시작할 때가 후퇴국면, 매우 어려울 때를 침체국면으로 분류합니다. 그리고 경기 저점과 정점 사이를 순환진폭이라 합니다.

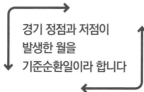

경기 정점과 저점이
발생한 월을
기준순환일이라 합니다

구체적으로 경기 정점과 저점이 발생하는 월을 기준순환일(Reference Date of Business Cycle)이라 합니다. 이는 국민경제 전체의 순환변동에서 국면전환이 발생하는 경기 전환점을 의미합니다. 우리나라의 기준순환일은 통계청에서 국내총생산(GDP)*, 산업생산 등 개별지표와 경기종합지수**(특히 동행지수 순

---

* 외국인이든 우리나라 사람이든 국적을 불문하고 우리나라 국경 내에서 이루어진 생산활동을 모두 포함하는 개념. 우리나라는 물론 전 세계 대부분의 국가의 생활 수준이나 경제성장률을 분석할 때 사용되는 지표이다.

** 국민경제 전체의 경기동향을 쉽게 파악하고 예측하기 위하여 주요 경제지표의 움직임을 가공·종합하여 지수형태로 나타낸 것. 약칭으로 CI(Composite index)라고 한다.

그림 1-2 ▶ 통계청이 발표한 〈제10차 경기종합지수 개편 결과〉 보도자료

 경기종합지수

정부혁신 보다나은 정부+

	보도일시	2019. 9. 20.(금) 15:00
보도자료	배포일시	2019. 9. 20.(금) 14:00
	담당부서	경제동향통계심의관 산업동향과
	담당자	과 장: 김보경(042-481-2157) 사 무 관: 백지선(042-481-2208)

 통계청

제10차 경기종합지수 개편 결과
및 최근의 기준순환일 설정

□ 통계청(청장 강신욱)은 최근의 경제환경 변화를 반영하고 경기종합지수의 경기예측력 향상을 위해 제10차 경기종합지수 개편을 실시하였음

ㅇ 이번 개편의 주요 내용은 선행종합지수의 경기예측력을 높이기 위해 **선행종합지수의 구성지표를 변경**(1개 제외 등)하였으며, 순환변동치의 현실반영도를 제고하기 위해 **종합지수의 추세 갱신주기를 단축**하였음

ㅇ 개편 결과, 선행종합지수의 최근 5개 전환점 선행시차가 확대(평균: 5.4 → 6.6개월)되고, 최근 동행종합지수에 대한 **선행성이 개선되어 경기 예측력이 제고**될 것으로 기대됨

□ 그리고 경기분석 시 참고할 수 있도록 **제11순환기 경기정점을 '17년 9월로 잠정 설정**하였음

ㅇ 제11순환기는 '13년 3월 저점 이후 54개월간 경기가 상승하면서 '17년 9월 정점이 형성된 것으로 잠정 확인됨

【별첨1】 제10차 경기종합지수 개편결과
【별첨2】 최근의 기준순환일 설정
【별첨3】 경기종합지수 개편 및 기준순환일 설정 관련 Q&A

 통계청이 작성한 "제10차 경기종합지수 개편 결과 및 최근의 기준순환일 설정" 은 '공공누리' 출처표시-상업적이용금지 조건에 따라 이용 할 수 있습니다.

자료: 통계청

환변동치)의 움직임을 분석한 후 관련 전문가의 의견을 들어 사후적으로 결정합니다. 참고로 통계청은 2019년 9월에 경기종합지수를 개편하면서 2017년 9월이 경기 정점이라고 기준순환일을 잠적으로 결정했는데, 그 내용은 [그림 1-2]와 같습니다.

통계청이 발표한 1972년 3월 이후 우리나라 기준순환일과 국면지속기간은 [표 1-1]과 같습니다.

표 1-1 ▶ 우리나라의 기준순환일 및 국면지속기간

	기준순환일			지속기간(개월)		
	저점	정점	저점	확장기	수축기	순환기
제1순환기	1972. 3	1974. 2	1975. 6	23	16	39
제2순환기	1975. 6	1979. 2	1980. 9	44	19	63
제3순환기	1980. 9	1984. 2	1985. 9	41	19	60
제4순환기	1985. 9	1988. 1	1989. 7	28	18	46
제5순환기	1989. 7	1992. 1	1993. 1	30	12	42
제6순환기	1993. 1	1996. 3	1998. 8	38	29	67
제7순환기	1998. 8	2000. 8	2001. 7	24	11	35
제8순환기	2001. 7	2002. 12	2005. 4	17	28	45
제9순환기	2005. 4	2008. 1	2009. 2	33	13	46
제10순환기	2009. 2	2011. 8	2013. 3	30	19	49
제11순환기	2013. 3	2017. 9[1]	–	54	–	–
평균	–	–	–	33	18	49

1) 잠정

자료: 통계청

1972년 3월부터 2013년 3월까지 우리나라 경기는 10번의 순환을 거쳤습니다. 좀 더 자세히 설명해보면 1972년 3월이 경기 저점이었고, 1974년 2월이 정점이었습니다. 저점에서 정점까지를 확장국면이라 했는데, 제1순환기의 확장국면은 23개월이었습니다. 경기는 1974년 2월에 정점을 치고 나빠지기 시작했고, 1975년 6월에 저점을 쳤습니다. 수축국면이 16개월인 셈입니다. 확장국면과 수축국면을 합친 것으로 순환주기라 했는데, 제1순환기의 주기는 39개월이었습니다.

순환주기는 시기에 따라 다릅니다. 1~10순환기까지 평균 순환주기는 49개월이었습니다. 그러나 제6순환기에서 순환주기가 67개월로 가장 길었고, 제7순환에서는 35개월로 가장 짧았습니다.

제가 추정해보면 제11순환기의 경기 저점은 2020년 5월입니다. 통계청에서 조만간 발표할 것으로 보입니다만, 너무 느리지 않은가요?

확장국면이
수축국면보다
길었습니다

순환주기를 확장국면과 수축국면으로 다시 구분해보면 확장기의 평균이 33개월로 수축기(18개월)보다 길었습니다. 이것이 경기순환의 가장 중요한 특징입니다. 즉, 경기 확장이나 수축은 상당히 오랫동안 지속하는 속성이 있습니다. 또 경기 확장기는 길고 완만한 기울기를 가짐에 반해 수축기는 짧고 급격한 기울기를 갖습니다. 나중에 주가와 경기의 관계도 설명하겠습니다. 주가도 오를 때는 상당히 오랫동안 서서히 상승하지만 떨어질 때는 짧은 기간에 급격하게 하락합니다. 경기 국면을 알면 주식 등 자산 배분에 매우 유용하다는 것입니다.

이외에 경기순환의 특징을 요약하면 아래와 같습니다. 여기서 경기순응적(procyclical)이라는 단어가 나오는데, 이는 경기와 같은 방향으로 움직인다는 뜻입니다. 경기가 좋으면 소비가 늘어 물가도

1. 생산량 변화는 거의 모든 부문에서 같은 방향으로 움직인다.

   소비재, 자본재도 같은 방향으로 변동한다.

2. 내구재 생산의 진폭이 비내구재 생산의 진폭보다 크다.

3. 농산물과 천연자원의 생산활동은 경기와 다른 움직임을 보일 때도 있다.

4. 기업 이윤은 경기와 같은 방향이나 그 변동폭은 매우 크다.

5. 물가는 대체로 경기순응적이다.

6. 단기 이자율은 경기순응적이나 장기 이자율은 그 정도가 낮다.

7. 통화량과 통화 유통속도는 경기순응적이다.

8. 수출입 물량은 경기순응적이다.

9. 실업률, 기업 도산율, 어음 부도율 등은 경기역행적이다.

표 1-2 ▶ 미국의 기준순환일 및 국면지속기간

순환	경기저점	경기정점	수축국면	확장국면	순환주기
제1순환기	1900.12	1902.09	18	21	39
제2순환기	1904.08	1907.05	23	33	56
제3순환기	1908.06	1910.01	13	19	32
제4순환기	1912.01	1913.01	24	12	36
제5순환기	1914.12	1918.08	23	44	37
제6순환기	1919.03	1920.01	7	10	17
제7순환기	1921.07	1923.05	18	22	40
제8순환기	1924.07	1926.01	14	27	41
제9순환기	1927.11	1929.08	13	21	34
제10순환기	1933.03	1937.05	43	50	93
제11순환기	1938.03	1945.02	13	80	93
제12순환기	1945.01	1948.11	8	37	45
제13순환기	1949.01	1953.07	11	45	56
제14순환기	1954.05	1957.08	10	29	39
제15순환기	1958.04	1960.04	8	24	32
제16순환기	1961.02	1969.12	10	106	116
제17순환기	1970.11	1973.11	11	36	47
제18순환기	1975.03	1980.01	16	58	74
제19순환기	1980.07	1981.07	6	12	18
제20순환기	1982.11	1990.07	16	92	108
제21순환기	1991.03	2001.03	8	120	128
제22순환기	2001.11	2007.12	8	73	81
제23순환기	2009.06	2020.02	18	128	146
제24순환기	2020.04		2		
평균			14	48	62

자료: NBER

오릅니다. 경기역행적(countercyclical)이라는 것은 경기와 반대 방향으로 움직인다는 의미입니다. 경기가 나빠지면 실업률은 올라갈 수밖에 없는 것입니다.

참고로 미국에서는 전미경제연구소(NBER)에서 기준순환일을 발표합니다. NBER은 우리 통계청보다는 기준순환일을 더 빠르게 알려줍니다.

미국의 기준순환일은 여기서 볼 수 있습니다. 미국도 우리와 마찬가지로 경기 확장기(평균 48개월)가 수축기(14개월)보다 더 오래 지속되었습니다. 차이점은 확장기 평균이 48개월로 우리(33개월)보다 더 길었다는 것입니다. 1990년대 정보통신혁명으로 120개월, 2008년 금융위기 이후 적극적 재정 및 통화 정책으로 128개월이라는 장기 확장기가 있었기 때문입니다.

NBER에서 발표한 미국의 기준순환일

경기에는 파도처럼 크고 작은 파동이 있습니다

경기가 좋아졌다 나빠졌다를 반복하는 것을 경기순환이라 했습니다. 경기순환은 파도처럼 오르내리기 때문에 경기파동(景氣波動)이라고 합니다. 경기파동은 단기와 중기, 그리고 장기에 걸쳐서 나타납니다.

→ 단기파동을 키친파동이라 합니다

앞서 살펴본 기준순환일에 따른 경기파동은 단기파동입니다. 미국의 경제학자 조셉 키친은 1890년을 기점으로 하여 1922년까지의 미국, 영국 두 나라의 경기를 분석하면서 평균 40개월을 주기로 경기순환이 반복되었다는 것을 발견했습니다. 그 이름을 따서 경기의 단기파동을 키친파동(Kitchin cycles)이라 합니다. 한국과 미국의 경우 경기 순환주기는 각각 49개월과 62개월로 키친파동 주기보다는 길었습니다.

→ 중기파동을 주글라파동이라 합니다

경기파동은 중기에도 나타나는데, 중기파동을 주글라파동(Juglar cycle)이라 합니다. 이는 프랑스 경제학자 클레망 주글라가 1862년에 발표한 경기변동이론입니다. 주글라는 "자본주의 경제에서는 고용, 소득, 생산량이 대폭적인 파상운동을 하고 그 파동의 모든 단계는 그 전단계로부터 차례차례로 나타난다"고 분석함으로써 순환적 경기변동이론의 토대를 마련했습니다. 그 당시 경제학자들은 주로 공황만을 문제로 삼았지만 주글라는 공황이 경기순환의 한 국면에 불과하다는 점을 지적했습니다. 그는 은행대출액, 금리, 물가 등에서 파동을 발견했는데, 이것이 9년 내지 10년 주기로 나타났습니다. 주글라파동에서는 주로 기술혁신과 설비투자 교체 등이 경기변동의 중요한 원인으로 지적되고 있습니다.

→ 장기파동을 콘드라티에프 파동이라 합니다

경기는 장기적으로 파동을 그려갑니다. 장기파동을 콘드라티에
프 파동(Kondratiev cycle)이라 합니다. 구소련의 경제학자 니콜라이
콘드라티에프가 1920년대에 주창한 이론입니다. 그는 영국, 미국,

표 1-3 ▶ **산업혁명의 발전단계 정의 및 특징**

구분	연도	특징	정의

1차
산업혁명
	1784년	– 증기 및 수력 기관
		– 기계식 생산설비
			– 가축, 인력 등 생물자원에서
			  화석 연료 사용 및 기계 사용
			  이 가능한 기계적 혁명
			– 영국이 최대 공업대국으로
			  부상

2차
산업혁명
	1870년	– 전기사용
		– 분업과 대량 생산
			– 컨베이어시스템, 전기 등을
			  통한 대량생산체계 구축
			– 미국이 세계 최강대국의 지
			  위 구축

3차
산업혁명
	1969년	– 전자기기, IT
		– 자동화 생산과 인터넷
			– 정보의 생성·가공·공유를
			  가능하게 하는 정보기술시대
			  의 개막

4차
산업혁명
	?	– 사이버 물리시스템
		  (CPS)
			– 디지털, 물리적, 생물학적 영
			  역의 경계가 사라지면서 기
			  술이 융합되는 새로운 시대

자료: World Economic Forum (2016. 1.)

표 1-4 ▶ 산업혁명의 주요 기술과 특징

기술	내용
사물인터넷 (IoT: Internet of Things)	– 사물에 센서를 부착하여 실시간으로 데이터를 네트워크 등으로 주고받는 기술 – 인간의 개입 없이 사물 상호간 정보를 직접 교환하며 필요에 따라 정보를 분석하고 스스로 작동하는 자동화 (예) IOT + AI + 빅데이터 + 로봇공학 = 스마트 공장(CPS)
로봇공학	– 로봇공학에 생물학적 구조를 적용함에 따라 더욱 뛰어난 적응성과 유연성을 갖추고 정밀농업에서 간호까지 다양한 분야의 광범위한 업무를 처리할 만큼 활용도 향상
3D 프린팅 (Additive manufacturing)	– 입체적으로 형성된 3D 디지털 설계도나 모델에 원료를 층층이 겹쳐 쌓아 유형의 물체를 만드는 기술로 소형 의료 임플란트에서 대형 풍력발전기까지 광범위하게 응용 가능 (예) 3D 프린팅 + 바이오기술 = 인공장기
인공지능 (AI)	– 컴퓨터가 사고, 학습, 자기계발 등 인간 특유의 지능적 행동을 모방할 수 있도록 하는 컴퓨터공학 및 정보기술 – 나양한 분야와 연결하여 인간의 업무를 대체하고 그 보다 높은 효율성을 가저올 것으로 예상 (예) AI + IoT + 자동차 = 무인자율주행자동차
빅데이터 (Big Data)	– 디지털 환경에서 생성되는 다양한 형태의 방대한 데이터를 바탕으로 인간의 행동 패턴 등을 분석 및 예측하고 산업현장 등에서 활용하면 시스템의 최적화 및 효율화 도모 가능 (예) 빅데이터 + AI + 금융정보 = 투자 로봇어드바이저 　　　빅데이터 + AI + 의학정보 = 개인맞춤형 헬스케어

자료: World Economic Forum(2016.1.)

독일 등 주요국의 각종 경제지표를 분석하여 서구 자본주의 경제에서 대발명이 대략 50년 주기로 생기며, 이에 따라 경기가 50년 주기로 확장과 수축이 일어난다고 보았습니다. 콘드라티에프는 새로운 자원의 개발이나 기술혁신 등이 장기 경기변동을 일으키는 주요한 요인으로 보았습니다.

[표 1-3], [표 1-4]는 경기의 장기파동을 초래했던 주요한 기술혁신과 특징을 요약했습니다. 흔히 '산업혁명'이라고 단어를 사용합니다. 역사를 보면 증기기관을 중심으로 한 기계식 생산의 1차 산업혁명에 이어 전기에너지와 대량생산의 2차 산업혁명, 정보화를 앞세운 3차 산업혁명을 거쳤습니다. 2016년 스위시 다보스에서 개최되었던 세계경제포럼(World Economic Forum)에서 세계는 지금 4차 산업혁명 시대에 접어들었다고 했습니다. 4차 산업혁명의 주요 특징은 디지털, 물리적, 생물학적 영역의 경계가 사라지면서 기술이 '융합'되는 것입니다. 여기서 제가 융합이라는 단어를 강조했는데, 융합이 앞으로 무인 자율주행 자동차에서 나타날 가능성이 높습니다. 여기에는 사물인터넷(IOT), 인공지능(AI), 자동차에 관련된 모든 기술혁신이 융합하여 나타날 것입니다.

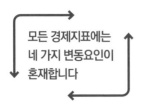

모든 경제지표에는
네 가지 변동요인이
혼재합니다

미래의 경기를 전망하는 데 있어서 가장 중요한 지표 가운데 하나가 통계청에서 발표하는 선행종합지수 순환변동치입니다. [표 1-5]에 주1)을 보면 구성지표의 비경기적 요인인 계절 및 불규칙 요인을 제거했다는 말이 나옵니다. 또 주2)에는 추세 요인을 제거했다는 글도 있습니다.

모든 경제지표에는 계절 요인, 불규칙 요인, 추세 요인, 순환 요인, 네 가지가 들어있습니다. 이를 설명하기 위해 매분기마다 한국은행에서 발표하는 국내총생산(GDP)을 보겠습니다. (GDP 개념에 대해서는 3장에서 자세히 살펴보겠습니다.)

표 1-5 ▶ 선행종합지수 순환변동치

	2022년							
	4월	5월	6월	7월	8월	9월	10월ᵖ	11월ᵖ
선행종합지수 (2015=100)[1]	128.3	128.8	129.2	129.4	129.6	130.0	130.3	130.4
전월비(&)	0.2	0.4	0.3	0.2	0.2	0.3	0.2	0.1
선행종합지수 순환변동치[2]	99.6	99.6	99.7	99.5	99.4	99.3	99.2	99.0
전월차(p)	-0.2	0.0	0.1	-0.2	-0.1	-0.1	-0.1	-0.2

[1] 구성지표의 비경기적 요인(계절요인 및 불규칙요인)을 제거하여 종합한 지표 자료: 통계청
[2] 선행종합지수에서 추세요인을 제거한 지표
p) 잠정치

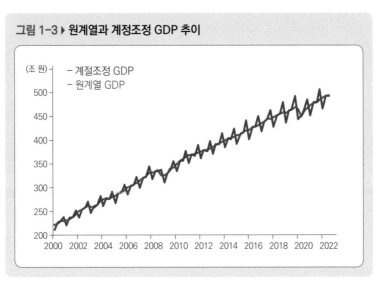

그림 1-3 ▶ 원계열과 계정조정 GDP 추이

(조 원)
- 계절조정 GDP
- 원계열 GDP

자료: 한국은행

　[그림 1-3]의 원계열 GDP는 톱니를 오른쪽으로 비스듬하게 세워 놓은 것처럼 들쭉날쭉합니다.

　연간으로 보면 매년 4분기에 GDP 규모가 가장 크고 1분기에는 가장 작습니다. 그 이유는 주로 농림어업 특히 농업생산 때문입니다. 농림어업생산이 GDP에서 차지하는 비중은 2% 정도로 높지 않지만, 주로 매년 4분기에 수확을 하게 됩니다. 그래서 4분기 GDP는 증가하고, 수확이 거의 없어지는 1분기에는 생산이 감소하는 현상이 발생합니다. 연말에 소비가 더 증가하는 현상도 물론 있습니다.

→ 계절 요인(Seasonal factor)

이처럼 특정 시기에 경제지표가 증가하거나 감소하는 현상을 경제지표의 계절 요인이라 합니다. 이를 고려하지 않으면 매년 1분기는 전년 4분기에 비해서 GDP가 감소합니다. 즉, 1분기 경제성장률은 전분기에 비해서 마이너스(-)라는 것입니다. 이런 문제를 해결하기 위해 한국은행은 GDP의 원계열에서 계절 요인을 제거한 다음 계절조정 GDP를 작성해서 발표합니다. [그림 1-3]에서 계절조정 GDP는 특별한 외생적 충격이 없다면, 매년 1분기 GDP가 전년 4분기에 비해서 증가하는 것입니다.

→ 불규칙 요인(Irregular factor)

우리 신체가 때로는 불규칙하게 작동을 할 수 있습니다. 경제지표도 마찬가지입니다. 지진, 유행성 질병, 대규모의 분규 등 외생적 사건이 발생하면 일시적으로 생산과 소비 활동이 위축될 수 있습니다. 예를 들면 2015년 6월에는 메르스(중동호흡기증후군) 창궐로 생산 및 소비 활동이 크게 위축되었습니다. 특히 2020년 전 세계로 확산한 코로나19로 세계 경제가 마이너스 3% 성장하면서 1930년대 대공황 이후 가장 심각한 경기침체를 겪기도 했습니다. 이를 불규칙 요인이라 하는데, 그 정도에 따라 크기는 달라집니다. 한국은행과 통계청은 통계기법을 통해 이를 제거하고 경제지표를 발표합니다.

→ 추세 요인(Trend factor)

장기적으로 경제는 성장하기 때문에 거의 모든 경제지표는 증가합니다. 아주 예외적 경우가 있긴 합니다. 일본 명목 GDP가 거의 30여년 동안 정체 상태 있습니다. 이를 제외하면 인구 증가, 자본 축적, 기술진보에 따른 생산성 증가 등으로 거의 모든 나라의 GDP가 증가하고 있습니다. 이를 경제지표를 구성하는 추세 요인이라 합니다. [그림 1-4]는 제가 일정한 통계기법(Hodric-Precott filter)을 적용하여 우리나라 추세 GDP를 구한 것입니다. 장기적으로 계속 증가하고 있는 모습을 볼 수 있습니다.

그림 1-4 ▶ 계절조정과 추세 GDP 비교

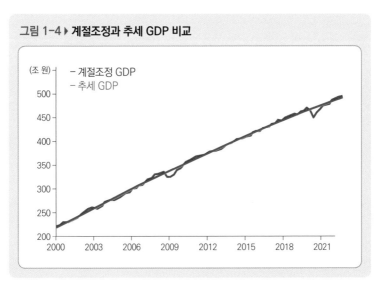

자료: 한국은행

→ 순환 요인(Trend factor)

　[그림 1-4]에서 시간이 지날수록 추세 GDP는 증가합니다. 이 기울기로 추세 성장률을 구할 수 있습니다. 수요 측면에서 이를 잠재 GDP라고도 합니다. 한국 경제의 잠재 성장률이 2%라 하면, 이 기울기를 의미합니다. 매년 GDP가 2%씩 성장한다는 것입니다.

　그러나 계절조정 GDP는 때로는 추세 GDP 위로 올라가고 때로는 추세 밑으로 떨어집니다. 계절조정 GDP가 추세 GDP 위에 있을 때 경기가 좋다고 하고, 그 반대의 경우는 나쁘다고 합니다. 이를 보기 위해서 계절조정 GDP에서 최종적으로 추세 요인을 제거하면 [그림 1-5]와 같은 GDP 순환변동치를 얻을 수 있습니다. 이는 계절조정 GDP와 추세 GDP의 퍼센트(%) 차이를 100 기준으로 조정한 것입니다. 여기서 GDP 순환변동치가 100 이상이면 계절조정 GDP가 추세 GDP 위에 있다는 것입니다. 이 경우 경제에 인플레이션 압력이 나타납니다. 일시적으로 한 나라의 총수요가 총공급을 넘어서기 때문입니다. 그 반대의 경우는 디플레이션이 압력이 존재합니다. 이에 대해서는 3장 GDP 개념을 소개하면서 자세히 설명하겠습니다.

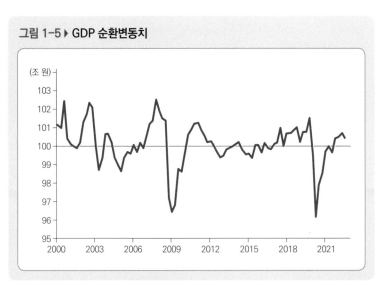

그림 1-5 ▶ GDP 순환변동치

(조 원)

자료 : 한국은행 GDP를 기반으로 저자가 작성

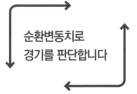

순환변동치로
경기를 판단합니다

GDP 순환변동치가 증가하면 경기 확장 국면, 감소하면 수축국면으로 해석합니다. 경제지표의 네 가지 요인을 설명하기 전에 통계청의 선행종합지수 순환변동치를 예로 들었습니다. 통계청은 원계열의 선행지수에서 계절 및 불규칙 요인, 추세 요인을 제거하고 순환변동치를 만든 것입니다. 우리는 경기를 판단하기 위해 순환변동치만 보면 됩니다. 이 지표가 증가하면 경기가 좋아진다는 것이고, 반대로 감소하면 경기가 나빠진다는 것을 의미합니다.

산업활동
동향

2장
#산업활동동향 #종합주가지수 #KOSPI #선행지수

산업활동동향은
경기 판단의 기준입니다

앞서 경기의 기본 개념을 살펴보았습니다. 그렇다면 어떤 경제지표로 경기를 판단할 수 있을까요? 가장 먼저 보아야 할 경제지표가 매월 통계청에서 발표하는 '산업활동동향'입니다. 여기에는 우리 기업들이 매월 재화와 서비스를 얼마나 생산하는가가 들어있습니다. 가계는 소비를 어떻게 하고 있고, 기업은 투자를 얼마나 하고 있는지도 산업활동동향에서 볼 수 있습니다. 또한 통계청은 현재의 경기를 판단하고 미래의 경기를 전망하기 위해서 경기종합지수를 작성해서 발표합니다.

다음 [그림 2-1]은 2022년 11월 산업활동동향을 요약한 것입니다. 이는 통계청 사이트의 보도자료에서 볼 수 있습니다.

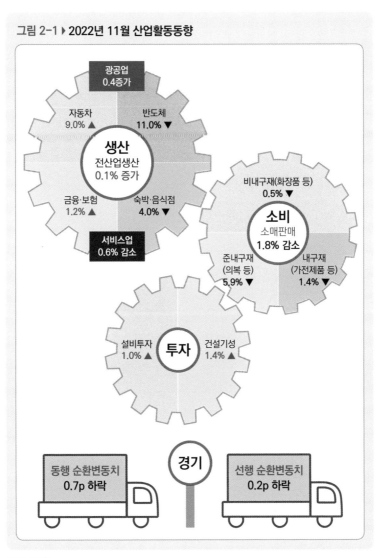

그림 2-1 ▶ 2022년 11월 산업활동동향

광공업
0.4증가

자동차
9.0% ▲

반도체
11.0% ▼

생산
전산업생산
0.1% 증가

금융·보험
1.2% ▲

숙박·음식점
4.0% ▼

서비스업
0.6% 감소

비내구재(화장품 등)
0.5% ▼

소비
소매판매
1.8% 감소

준내구재
(의복 등)
5.9% ▼

내구재
(가전제품 등)
1.4% ▼

설비투자
1.0% ▲

투자

건설기성
1.4% ▲

동행 순환변동치
0.7p 하락

경기

선행 순환변동치
0.2p 하락

자료: 통계청

[그림 2-1]에 나타난 산업활동동향을 요약해보겠습니다.

첫째, 기업의 생산활동입니다. 2022년 11월에 전산업생산이 전월에 비해서 0.1% 증가했다고 나와 있습니다. 전산업이란 광공업과 서비스업을 합친 것입니다. 2021년 기준으로 보면 우리 생산(명목 기준)에서 광공업이 차지하는 비중은 28.0%입니다. 광공업은 거의 제조업입니다. 제조업이 전산업에서 차지하는 비중이 27.9%입니다. 서비스업의 생산 비중이 62.5%로 우리 생산의 2/3를 차지하고 있습니다. 이외에 생산 비중을 보면 농림어업 2.0%, 전기가스 및 수도산업 1.9%, 건설업 5.6%입니다.

둘째, 가계의 소비동향이 나타나 있습니다. 소비를 나타내는 대표적 지표가 소매판매입니다. 소매판매는 내구재, 준내구재, 비내구재로 구성되어 있습니다. 내구재라는 것은 한 번 구매하면 오래 사용(보통 1년 이상)하는 고가의 상품입니다. 자동차나 가전제품이 대표적 내구재입니다.

준내구재는 1년 이상 사용하나 가격이 내구재보다 저렴한 신발, 의복 등으로 구성되어 있습니다. 비내구재는 주로 1년 미만 사용되는 상품으로 음식료품, 의약품, 화장품, 서적 및 문구, 차량연료 등이 여기에 해당합니다. 2021년 기준으로 보면 소매판매액 가운데 비내구재 비중이 52.9%로 가장 높고, 내구재가 26.8%, 준내구재가 20.3%를 차지하고 있습니다. 2021년 11월에 준내구재를 중심으로 소매판매액이 전월에 비해서 1.8% 줄었습니다.

셋째, 기업의 투자활동을 볼 수 있습니다. 투자는 크게 설비투자와 건설투자로 나눠집니다. 설비투자는 건물·기계·설비와 같은 고정자본설비에 새로 투자되는 증가분을 말합니다. 건설투자는 공장, 댐 또는 주택 따위의 건설에 투자하는 것을 의미합니다. 투자의 경제적 역할에 대해서 다음 3장의 국내총생산(GDP)에서 자세히 설명하겠습니다. 2021년 11월에는 투자가 증가한 것으로 나타나 있습니다.

넷째, 통계청의 산업활동에서 가장 중요한 지표는 경기종합지수입니다. 이 중에서도 현재의 경기를 나타내는 동행종합지수 순환변동치와 미래의 경기를 예고해주는 선행종합지수 순환변동치는 꼭 보아야 합니다. 2021년 11월에 둘 다 감소한 것으로 나타나 있습니다.

통계청의 산업활동동향 보도자료는 앞에 요약한 내용과 최근 통계를 통해 동향을 [표 2-1], [표 2-2]와 같이 보여주고 있습니다. 그리고 각 부문별 상세 내용을 40여 페이지로 걸쳐 설명해주고 있습니다. 시간을 내서 보도자료 내용을 한번 천천히 살펴볼 필요가 있습니다.

표 2-1 ▶ 산업활동 주요지표

(전년동월(기)비, %)

			2021년			2022년				
			연간	3/4	11월	2/4	3/4	9월	10월p	11월p
생산	전산업[1]	전월(기)비	–	0.9	1.2	0.9	0.4	-0.4	-1.7	0.1
		동월(기)비	4.9	3.9	5.4	4.5	4.0	3.2	2.7	0.6
	광공업	전월(기)비	–	1.0	1.6	-1.6	-1.5	-2.0	-3.5	0.4
		동월(기)비	7.4	5.8	6.7	4.1	1.2	0.6	-1.2	-3.7
	제조업 · 생산	전월(기)비	–	0.9	1.8	-1.7	-0.8	-2.0	-3.5	0.5
		동월(기)비	7.6	5.8	7.0	4.3	1.2	0.6	-1.2	-3.8
	· 출하		5.7	2.4	3.8	-0.1	0.7	2.0	1.7	-4.2
	– 내수		2.8	-0.8	0.6	-2.1	1.6	2.5	1.7	-0.7
	– 수출		9.7	7.0	8.2	-2.6	-0.7	1.5	1.9	-8.7
	· 재고[2]		11.5	4.6	9.9	17.2	8.2	8.2	5.0	6.1
	평균가동률[3]		74.4	74.2	75.1	76.2	75.4	75.0	72.5	73.1
	생산능력		1.1	1.0	0.9	-0.2	-0.4	-0.5	-0.8	-0.8
	서비스업	전월(기)비	–	1.1	1.2	2.8	1.5	-0.1	-1.1	-0.6
		동월(기)비	4.4	3.9	5.4	5.5	6.0	6.0	4.8	2.6
	도소매업 · 생산		4.0	3.6	4.1	2.6	3.3	2.8	2.6	1.1
	· 재고[2]		4.4	-3.1	1.7	3.4	4.1	4.1	2.4	3.6
소비	소매판매	전월(기)비	–	0.8	-0.7	-1.1	1.2	-2.0	-0.2	-1.8
		동월(기)비	5.9	5.6	4.8	-0.2	-0.2	-0.9	-0.7	-2.2
	– 내구재		5.5	2.5	-3.3	-5.5	-1.4	4.8	-0.8	1.1
투자	설비투자	전월(기)비	–	-0.8	3.9	-1.2	9.8	-2.8	0.4	1.0
		동월(기)비	9.6	6.2	8.8	-2.4	7.5	12.0	16.6	11.0
	국내기계수주		32.8	36.0	25.0	2.4	14.1	11.9	-8.6	15.3
	건설기성	전월(기)비	–	-1.1	-1.1	1.4	0.4	0.4	4.6	1.4
		동월(기)비	-6.7	-8.1	-8.1	2.1	3.9	4.2	8.9	10.2
	건설수주(경상)		9.6	4.4	4.4	22.3	35.0	49.1	-36.8	-11.1

1) 농림어업은 연간지수로 공표(2021년 이후는 농림어업을 제외한 수치임)
2) 기(월, 분기, 연)말 기준
3) 해당월(기)의 평균가동률

자료: 통계청

표 2-2 ▶ 경기종합지수

	2022년				
	7월	8월	9월ᵖ	10월ᵖ	11월ᵖ
동행종합지수(2015=100)	122.2	123.1	123.4	123.7	123.4
· 전월비(%)	0.7	0.7	0.2	0.2	-0.5
동행종합지수 순환변동치	101.8	102.3	102.4	102.4	101.7
· 전월비(p)	0.5	0.5	0.1	0.0	-0.7
선행종합지수(2015=100)[1]	129.4	129.6	130.0	130.3	130.4
· 전월비(%)	0.2	0.2	0.3	0.2	0.1
선행종합지수 순환변동치[2]	99.5	99.4	99.3	99.2	99.0
· 전월비(p)	-0.2	-0.1	-0.1	-0.1	-0.2

1) 2) 선행종합지수, 선행종합지수 순환변동치는 최근 2개월이 잠정치(p)　　　　　　　　자료: 통계청

출하와 재고동향으로 제조업 경기를 알 수 있습니다

이제부터 통계청의 산업활동동향에서 꼭 보아야 할 지표를 몇 가지 소개하겠습니다. 우선 제조업 경기입니다. 제조업 경기에는 생산, 출하, 재고동향이 들어있습니다. 출하는 기업이 생산한 상품을 시장에서 소비자에게 파는 것입니다. 재고는 기업이 수요에 신속하게 대응하기 위해 보유하고 있는 상품입니다. 생산은 출하와 재고의 합인 셈입니다.

출하와 재고동향으로 제조업 경기를 판단할 수 있습니다. 1장에서 경기순환을 크게 확장국면과 수축국면으로 구분했고, 다시 확장

국면을 회복과 활황으로 수축국면을 후퇴와 침체로 세분했습니다. 네 국면에 따라 출하와 재고가 다른 모양으로 아래와 같이 나타납니다.

경기 국면	출하	재고
회복	증가	감소
활황	큰폭 증가	증가
후퇴	감소	큰폭 증가
침체	큰폭 감소	감소

우선 경기 회복국면에서는 소비가 증가하기 시작하기 때문에 상품이 팔리기 시작하면서 출하가 증가합니다. 이전 침체국면에서 기업이 생산을 줄인 탓에 재고는 감소합니다. 활황국면에서는 소비활동이 왕성하기 때문에 출하가 대폭 증가합니다. 이 국면에서는 기업의 생산활동이 크게 늘면서 출하 이상으로 생산이 늘면서 재고도 증가합니다. 경기가 정점을 치고 후퇴국면에 접어들면 출하는 줄고 재고는 크게 증가합니다. 경기가 침체국면에 접어들면 출하는 큰 폭으로 감소합니다. 이 시기에는 기업의 생산활동이 위축되면서 재고도 줄어듭니다.

통계청에서는 이를 보기 위해 매월 [그림 2-2], [그림 2-3]과 같

그림 2-2 ▶ 제조업 재고출하 순환도

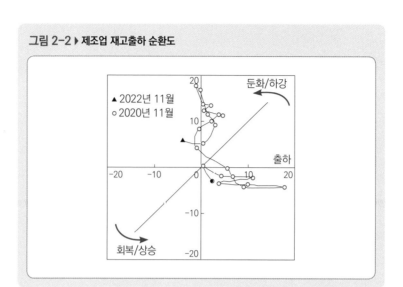

자료: 통계청

그림 2-3 ▶ 제조업 재고출하 순환도(반도체 및 부품 제외)

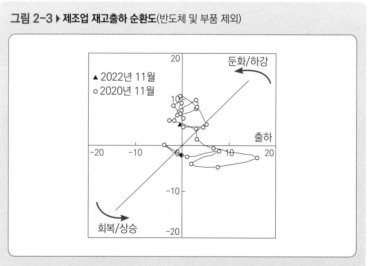

주: 재고출하 순환도 : X축에 출하 전년동월비(계절조정), Y축에 재고 전년동월비(계절조정)를 표시하여 출하와 재고의 상호작용을 나타내고, 이를 이용하여 경기국면 변환을 판단하는 도표

자료: 통계청

은 재고출하순환도를 그려줍니다. 2021년 11월 기준으로 보면 출하는 큰 폭 감소하고 재고는 증가하는 경기 후퇴국면의 모습이 나타나고 있습니다.

재고/출하 비율로 제조업 경기와 주가 국면도 알 수 있습니다

앞서 재고와 출하동향으로 제조업 경기 국면을 판단할 수 있다고 했습니다만, 더 쉬운 지표가 재고/출하 비율입니다. 이는 계절조정한 재고지수를 출하지수로 나눈 것입니다. 재고/출하 비율이 증가한다는 것은 출하에 비해서 재고가 상대적으로 더 늘어나 경기가 좋지 않다는 의미입니다. 그 반대로 이 비율이 감소하면 상대적으로 출하가 늘어나기 때문에 경기가 확장국면에 있다는 것입니다.

재고/출하 비율로 최근 제조업 경기를 판단해보면 [그림 2-4]와 같습니다(통계는 통계청의 '국가통계포털(KOSIS)'에서 받을 수 있습니다). 2021년 11월 현재 재고/출하 비율이 127.6%로 우리 경제가 외환위기를 겪었던 1998년 8월(133.2%) 이후 최고치를 기록했습니다. 이 비율이 2020년 코로나19로 크게 높아진 적이 있습니다만, 그때보다 약간 더 올라갔습니다. 제조업 경기가 침체에 빠졌다는 것을 반증해주고 있습니다.

그림 2-4 ▶ 재고/출하 비율과 제조업 생산 추이　　　　　　(제조업생산, 3MMA, %)

자료: 통계청

　우리나라 제조업이 출하에 비해서 많은 재고를 보유하고 있기 때문에 생산을 줄일 수밖에 없는 상황입니다. 그래서 2021년 하반기 들어서 제조업이 가동률을 낮추고 생산을 줄이고 있습니다.

　한편, 재고/출하 비율은 종합주가지수(KOSPI)와도 같은 방향으로 움직입니다. [그림 2-5]는 재고/출하 비율을 역축으로 그려놓은 것입니다. 출하에 비해서 상대적으로 재고가 증가했을 때 경기는 수축국면이고, 이 시기에 주가지수도 하락했습니다.

그림 2-5 ▶ 재고/출하 비율과 코스피 추이

자료: 통계청, 한국거래소

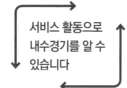

서비스 활동으로
내수경기를 알 수
있습니다

앞서 제조업 중심으로 경기를 진단해보았습니다. 그러나 서비스업이 생산의 63% 정도를 차지하고 있는 만큼 서비스업 경기동향을 아는 것도 중요합니다. 통계청의 산업활동동향을 보면 [표 2-3]과 같이 서비스업 생산동향이 나옵니다. 서비스업 등 금융, 보건 및 사회복지, 숙박 및 음식점, 운수 및 창고, 정보통신, 부동산 등으로 구성되며, 대부분이 내수와 관련되어 있습니다.

다음 장의 [그림 2-6]은 우리나라 제조업과 서비스업 생산 추이를 보여줍니다. 제조업 생산보다는 서비스업 생산의 변동 폭이 더

표 2-3 ▶ 서비스업 생산동향

(전년동월비(기)비, %, %p)

	2021년	3/4	11월	2022년 3/4	10월ᵖ	11월ᵖ	기여도
총지수	4.4	3.9	5.4	6.0	4.8	2.6	2.62
금융·보험	8.5	6.2	4.7	5.0	6.6	6.1	1.12
보건·사회복지	3.3	4.6	1.4	5.6	4.9	5.2	0.6
숙박·음식점	1.4	-1.5	14.4	27.7	16.8	6.8	0.34
예술·스포츠·여가	6.9	5.5	13.8	37.1	24.7	15.2	0.23
도소매	4.0	3.6	4.1	3.3	2.6	1.1	0.22
운수·창고	6.4	6.9	10.1	12.0	7.3	2.0	0.17
정보통신	5.2	6.8	8.6	6.3	4.5	1.6	0.14
사업시설관리·사업지원·임대	2.3	2.8	4.7	5.7	4.8	2.2	0.1
협회·수리·개인	1.1	-0.4	5.3	4.7	5.4	2.1	0.06
전문·과학·기술	2.7	0.9	3.7	3.9	1.4	-0.1	-0.01
수도·하수·폐기물처리	2.4	3.7	2.3	-5.2	-2.9	-4.1	-0.05
교육	1.7	1.9	2.4	0.5	1.1	-0.7	-0.06
부동산	0.7	0.1	1.1	-5.5	-7.2	-8.4	-0.25

자료: 통계청

적습니다. 제조업은 내수뿐만 아니라 수출에 큰 영향을 받습니다. 세계 경제가 침체에 빠지면 수출이 크게 줄면서 제조업 생산도 대폭 감소합니다. 그러나 서비스업은 주로 내수 산업이기 때문에 해외 경제상황에 상대적으로 영향을 덜 받아 제조업보다는 생산 변동성이 낮습니다.

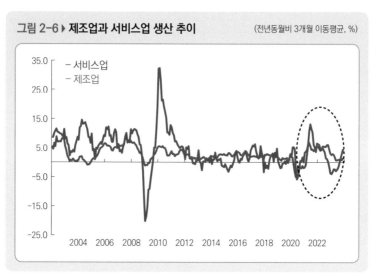

그림 2-6 ▶ 제조업과 서비스업 생산 추이   (전년동월비 3개월 이동평균, %)

자료: 통계청

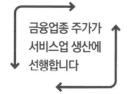

**금융업종 주가가
서비스업 생산에
선행합니다**

주가는 경기에 선행합니다. 금융업종 주가
도 서비스업 생산에 선행하는 경향이 있습
니다. 2008년~2022년 월별 통계로 분석해
보면 금융업종 주가지수가 서비스업 생산 증가율에 1개월 정도 선
행(상관계수 0.44)한 것으로 나타났습니다. 이후 금융업이 내수를
대표하는 업종 가운데 하나이기 때문입니다. 금융업종 주가로 서비
스업 경기, 즉 내수 경기를 미리 내다볼 수 있다는 의미가 되겠습니
다. 금융업종 주가가 상승하면 앞으로 내수가 좋아질 것으로 기대
해볼 수 있습니다. 그 반대의 경우도 성립합니다.

그림 2-7 ▶ **금융업종 주가와 서비스업 생산**　　(전년동월비 3개월 이동평균, %)

자료: 통계청, 한국거래소

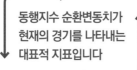

동행지수 순환변동치가 현재의 경기를 나타내는 대표적 지표입니다

산업활동동향에서 동행종합지수는 꼭 보아야 합니다. 앞서 본 제조업과 서비스업 경기는 각 업종 경기에 해당합니다. 그러나 동행지수는 현재의 경기 상태를 가장 잘 나타내주는 종합적 지표입니다. 건강검진으로 따지면 종합건강검진에 해당합니다.

통계청에서 동행지수 구성요소로 광공업 생산지수, 서비스업 생산지수, 건설기성액, 소매판매액지수(이상은 산업활동동향에 다 나와 있습니다.), 수입액, 비농림어업 취업자수(이 둘은 나중에 설명드리겠습니다.) 등 7개 지표로 구성되어 있습니다.

통계청은 이들의 변동성을 고려하여 가중치를 두어서 동행종합지수를 작성합니다. 1장에서 모든 경제 변수에는 계절 요인, 불규칙 요인, 추세 요인, 순환 요인이 들어있다고 했습니다. 동행지수에서 앞의 세 가지 요인을 제거한 것이 동행종합지수 순환변동치입니다.

[그림 2-8]은 통계청에서 발표하는 동행종합지수 순환변동치입니다. 이 그림에서 'P'는 경기 정점(Peak), 'T'는 경기 저점(Trough)을 의미합니다. 통계청에서 정한 기준순환일입니다. 기준순환일의 경기 정점과 저점이 동행종합지수 순환변동치의 정점과 저점과 거

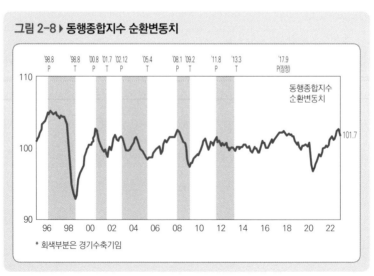

그림 2-8 ▶ 동행종합지수 순환변동치

* 회색부분은 경기수축기임

자료: 통계청

의 같습니다. 통계청에서 기준순환일을 결정할 때, 이 지표를 가장 많이 참조한다는 의미입니다. 이 순환변동치가 증가하면 경기 확장 국면, 감소하면 경기 수축국면으로 해석해도 무리가 없습니다.

동행종합지수 순환변동치가 2020년 5월을 저점으로 지속적으로 상승했습니다. 그러나 2022년 11월 101.7로 10월(102.4)보다 0.7포인트 하락했습니다. 더 지켜봐야 하겠지만 10월에 정점을 기록한 것으로 추정됩니다.

경기를 예측하기 위해서는 선행지수 순환변동치를 보아야 합니다

선행종합지수는 매우 중요하기 때문에 구성요소도 살펴보겠습니다. 통계청에서는 경기에 선행하는 지표로 재고순환지표, 경제심리지수, 기계류내수출하지수, 건설수주액, 수출입물가비율, 코스피, 장단기금리 등 7개 지표를 선정했습니다.

이들 각 지표의 변동성을 고려하여 가중치를 두어서 선행종합지수를 작성합니다. 물론 데이터에 내재해 있는 계절 요인과 불규칙 요인을 제거합니다. 그 다음에 추세 요인을 제거해서 선행종합지수 순환변동치를 작성합니다. 산업활동동향 보도자료 끝의 〈부록〉에 보면 계절 요인은 'X-13ARIMA-SEATS 방식'으로, 불규칙 요인은 '3~4개월 말항 이동평균'으로 제거했다고 나옵니다. 또한 순환변동

표 2-4 ▶ 선행종합지수 구성지표 증감률

(전월비, * : 전월차)[1]

구성지표	변동폭[5]	2022년					
		6월	7월	8월	9월	10월ᵖ	11월ᵖ
· 재고순환지표(%p)[2]	2.375	-2.2	-1.1	-0.1	4.1	4.0	0.3
· 경제심리지수(p)[2]	2.125	-0.3	-2.6	-2.5	-1.5	-0.8	-2.6
· 기계류내수출하지수(%)[3]	1.585	-0.4	3.4	3.7	1.7	2.7	0.7
· 건설수주액(%)	9.451	2.2	11.1	-0.2	2.0	-20.8	-9.7
· 수출입물가비율(%)[4]	0.84	0.6	0.0	0.0	-0.2	-0.4	-0.2
· 코스피(%)	2.337	-2.8	-4.4	-2.0	-1.9	-1.8	-0.9
· 장단기금리차(%p)[2]	0.093	0.18	-0.17	-0.23	-0.17	0.00	-0.06

1) 각 구성지표의 전월비(차)는 비경기적 요인(계절요인 및 불규칙요인)을 제거한 수치로 원계열 또는 계절
   조정계열의 전월비(차)와 차이가 있음
2) 재고순환지표 = 출하증가율(전년동월비) − 재고증가율(전년동월비)
3) 선박 제외
4) 수출입물가비율 = 수출물가지수 + 수입물가지수 × 100
5) 구성지표 과거(2010년~2021년) 월별 증감률의 표준편차

자료: 통계청

치는 종합지수에서 '국면 평균법(PAT)'으로 추출한 추세변동분을 제거했다고 합니다. 여기서 나오는 통계적 기법은 전문적 용어이기 때문에 설명을 생략하겠습니다. 이렇게 구한 선행지수와 순환변동치가 [표 2-5]에 있습니다.

통계청에서는 산업활동동향을 발표할 때마다 최근 데이터를 업데이트하여 선행종합지수 순환변동치 장기 추이를 보여주고 있는데, 다음 장의 [그림 2-9]와 같습니다. 그림에 있는 숫자는 신행종

표 2-5 ▶ 선행종합지수와 순환변동치

	2022년							
	4월	5월	6월	7월	8월	9월	10월ᵖ	11월ᵖ
• 선행종합지수 (2015=100)[1]	128.3	128.8	129.2	129.4	129.6	130	130.3	130.4
– 전월비(%)	0.2	0.4	0.3	0.2	0.2	0.3	0.2	0.1
• 선행종합지수 순환변농지[2]	99.6	99.6	99.7	99.5	99.4	99.3	99.2	99.0
– 전월차(p)	-0.2	0.0	0.1	-0.2	-0.1	-0.1	-0.1	-0.2

1) 구성지표의 비경기적 요인(계절요인 및 불규칙요인)을 제거하여 종합한 지표   자료: 통계청
2) 선행종합지수에서 추세요인을 제거한 지표

합지수 순환변동치 정점 혹은 저점이 기준순환일 상의 경기 정점과 저점에 선행하는 개월 수입니다. 예를 들면 1996년 3월이 경기 정점이었는데, 선행종합지수 순환변동치 정점은 그보다 7개월 앞선 1995년 8월이었습니다. 또 1998년 8월이 경기 저점이었는데, 순환변동치 저점은 6개월 전이 그해 2월이었다는 것입니다. 순환 기간에 따라 선행 기간은 다르지만 선행지수가 경기를 예측하는데 중요한 지표라는 것을 알 수 있습니다.

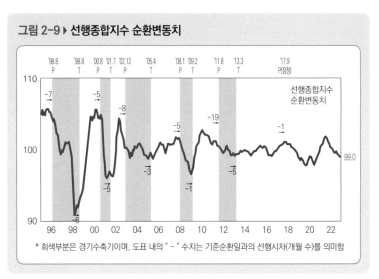

그림 2-9 ▶ 선행종합지수 순환변동치

* 회색부분은 경기수축기이며, 도표 내의 " - " 수치는 기준순환일과의 선행시차(개월 수)를 의미함

자료: 통계청

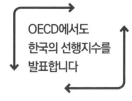

OECD에서도 한국의 선행지수를 발표합니다

경기를 예측하기 위해서 선행지수를 보아야 한다고 했습니다. 경제협력개발기구(OECD)에서는 OECD 회원국뿐만 아니라 중국 등 주요 신흥시장의 선행지수를 발표합니다. 물론 OECD 회원국인 우리나라 선행지수도 들어있습니다.

OECD에서 선행지수는 보통 매월 둘째 주 화요일에 발표합니다. 통계청 선행지수보다 2주일 정도 빠르게 발표하는 셈입니다. [그림 2-11]은 OECD의 한국 선행지수와 주요 7개국(G7, 미국, 일본, 독일, 영국, 프랑스, 이탈리아, 캐나다) 선행지수 추이입니다. 우리나

그림 2-10 ▶ OECD 회원국 선행지수

Composite Leading Indicators (MEI)

⊞ Customise ▾   ⊞ Export ▾   ⊕ My Queries ▾

Please note that as of January 2023 the OECD CLI will be computed for a reduced set of countries: G20 countries (minus Argentina, Saudi Arabia and the European Union) plus Spain.

‹‹ Subject	Amplitude adjusted (CLI)																					
▾ Frequency	Monthly																					
Unit	Index																					
‹‹ Country	Australia	Canada	France	Germany	Italy	Japan	Korea	Mexico	Spain	Türkiye	United Kingdom	United States	Four Big European	G7	NAFTA	G20	Major Five Asia	Brazil	China (People's Republic of)	India	Indonesia	South Africa
‹‹ Time																						
Jan-2021	100.7	100.7	98.9	100.4	100.2	99.6	101.6	99.4	99.3	100.7	99.1	100.1	99.7	99.9	100.1	100.8	101.3	104.3	102.7	100.3	95.9	99.3
Feb-2021	100.9	100.9	99.1	100.8	100.6	99.9	101.8	99.7	99.0	100.0	100.0	100.5	100.2	100.3	100.4	101.0	101.4	104.2	102.0	100.4	96.0	99.5
Mar-2021	101.1	101.5	99.6	101.3	101.2	100.2	102.1	100.2	100.6	100.9	100.8	100.8	100.8	101.2	101.4	104.2	102.5	100.5	96.6	99.7		
Apr-2021	101.1	101.5	100.0	101.8	101.8	100.4	102.3	100.9	101.2	101.2	101.4	101.1	101.5	101.1	101.1	101.4	101.4	104.2	102.3	100.6	97.2	99.8
May-2021	101.2	101.8	100.5	102.1	102.4	100.6	102.2	101.2	101.7	101.4	101.4	101.5	101.3	101.2	101.3	104.2	102.0	100.7	97.5	100.0		
Jun-2021	101.1	102.0	101.0	102.4	102.9	100.7	102.3	101.4	102.1	101.5	102.2	101.2	102.1	101.4	101.2	101.4	101.1	104.2	101.7	100.7	97.7	100.1
Jul-2021	101.0	102.1	101.2	102.5	103.2	100.6	102.2	101.5	102.4	101.7	102.4	101.7	102.4	101.7	102.4	101.7	100.9	104.1	101.3	100.8	97.4	100.2
Aug-2021	100.8	102.0	101.1	102.5	103.1	100.6	101.5	101.6	101.9	102.6	101.6	102.6	101.8	101.3	100.8	97.4	100.2					
Sep-2021	100.6	101.9	101.3	102.4	103.3	100.5	101.7	101.5	102.6	101.9	102.5	101.0	102.3	101.1	101.1	101.1	100.6	100.9	97.8	100.6		
Oct-2021	100.3	101.8	101.3	102.2	103.2	100.5	101.4	101.5	101.9	102.5	100.9	102.2	101.3	101.1	101.0	100.4	102.4	100.3	100.9	98.5	100.6	
Nov-2021	100.1	101.7	101.2	102.0	102.5	100.5	100.8	101.6	101.8	102.3	100.9	102.1	101.2	101.0	100.5	100.2	101.7	100.0	100.9	98.5	100.7	
Dec-2021	100.0	101.5	101.0	101.9	102.4	100.5	100.3	101.6	102.0	101.7	101.8	101.8	101.1	100.9	100.7	100.1	101.1	99.9	100.8	98.6	100.5	
Jan-2022	99.8	101.3	100.9	101.7	101.6	100.5	100.9	101.6	101.4	101.0	100.7	101.3	100.9	100.6	100.6	99.7	100.8	96.9	101.0			
Feb-2022	99.7	101.1	100.4	101.4	101.1	100.5	100.9	101.0	101.1	99.9	100.5	100.6	100.7	100.3	99.9	100.2	99.5	100.7	98.0	101.3		
Mar-2022	99.6	100.8	100.0	101.0	100.5	100.1	100.9	100.4	100.7	100.3	100.1	100.3	100.5	100.1	99.8	99.0	100.6	98.6	101.1			
Apr-2022	99.5	100.4	99.6	100.7	99.8	100.6	100.1	101.8	98.8	100.3	100.1	100.2	99.9	98.7	99.8	98.2	100.5	98.6	101.0			
May-2022	99.4	98.9	99.2	100.3	99.1	100.6	99.6	101.6	99.3	99.0	98.5	99.7	98.9	99.6	99.9	99.5	99.7	99.0	100.4	98.5	101.0	
Jun-2022	99.3	99.8	98.9	98.5	100.6	99.4	101.4	98.6	99.6	95.7	99.4	98.4	99.2	99.3	98.9	98.9	98.9	100.2	98.5	101.1		
Jul-2022	99.2	98.9	98.6	98.4	98.0	99.2	101.1	98.4	99.3	95.1	99.1	97.9	98.9	99.3	99.1	99.2	98.4	98.9	100.2	98.3	100.9	
Aug-2022	99.1	98.5	98.3	98.0	97.6	98.8	100.6	98.2	99.2	94.6	98.9	97.6	98.7	98.9	99.1	98.9	98.5	98.9	99.9	98.2	100.8	
Sep-2022	99.1	98.1	98.1	98.6	97.3	100.4	98.2	100.6	96.1	94.3	97.3	98.4	98.9	98.7	98.9	99.2	98.4	99.8	97.8	100.8		
Oct-2022	99.0	97.8	97.9	98.3	97.1	100.2	98.7	100.8	96.1	94.3	97.3	98.3	98.4	98.9	98.7	98.9	98.9	99.6	97.5	100.6		
Nov-2022	99.0	97.5	97.8	98.2	96.9	100.1	98.5	100.2	98.0	98.9	94.1	96.5	96.9	98.1	98.9	98.4	98.6	98.9	98.2	98.4	97.2	100.5

자료: OECD

그림 2-11 ▶ 한국과 G7 선행지수 추이

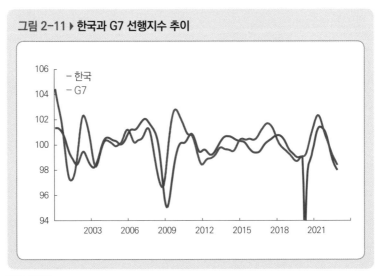

자료: OECD

라 선행지수가 2021년 5월에 정점을 치고 하락세로 돌아섰고, G7 선행지수는 2개월 후인 그해 7월에 정점을 기록하고 같이 떨어지고 있습니다.

이 그림에서 볼 수 있는 것처럼 우리나라 선행지수가 정점 및 저점에서 G7보다 앞서가고 있습니다. 이런 의미에서 일부 경제학자들이 한국 경제를 세계 경제의 '풍향계'라고 합니다. 특히 미국 예일대 교수인 스티븐 로치는 한국 경제를 '탄광 속 카나리아'라고 했습니다. 카나리아는 탄광에서 유독가스가 나오면 먼저 쓰러져 위험을 알렸다는 새입니다. 우리가 전 세계로 수출하기 때문에 한국 경제를 보면 세계 경제를 흐름을 알 수 있습니다.

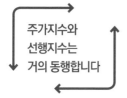

주가지수와 선행지수는 거의 동행합니다

동행종합지수 순환변동치가 계속 오르고 있는데도(경기 확장국면인데도), 종합주가지수(KOSPI)는 2021년 7월부터 떨어졌습니다. 주가는 경기에 선행하기 때문입니다. 저는 선행지수 순환변동치 하락을 보고(물론 다른 경제지표도 함께 봅니다), 주가도 같이 떨어질 것으로 내다보았습니다. 2021년 상반기에 코스피가 3000선을 넘어섰을 때, 2200까지도 하락할 수 있다는 주장을 펼치기도 했습니다.

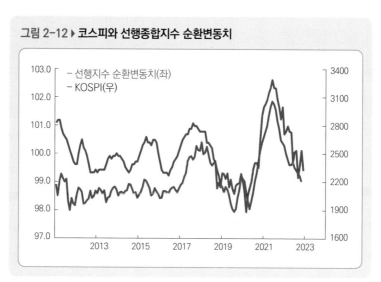

그림 2-12 ▶ 코스피와 선행종합지수 순환변동치

자료: 통계청, 한국거래소

　　[그림 2-12]은 코스피와 선행종합지수 순환변동치 추이입니다. 최근 동향으로 보면 두 변수가 같이 2021년 6월을 정점으로 하락하고 있습니다. 물론 선행지수 7개 구성 요인 가운데 하나가 코스피이기 때문에 같은 방향으로 움직일 수 있습니다. 그러나 선행종합지수 순환변동치가 코스피보다 예측 오차가 적기 때문에 저는 선행지수를 예측하고 코스피 전망을 합니다.

장단기 금리차로
선행지수를 예측해볼 수
있습니다

선행지수를 미리 전망하고 주가 방향을 예측할 수 있다고 했습니다. 그렇다면 선행지수를 예측해볼 수 있는 방법은 있을까요? 장단기 금리차를 활용하면 그 답을 찾을 수 있습니다.

미국에서는 10년과 2년 만기 국채수익률 차이로 경기를 예측합니다. 장기금리에는 미래의 경제성장률이나 물가상승률이 내포되었는데, 장기금리 하락은 그만큼 앞으로 경제성장률이나 물가상승률이 낮아질 것을 의미합니다. 전미경제연구소(NBER)에 따르면 1980년에서 2020년 사이에 미국 경제가 6번의 경기침체를 겪었는데, 예외 없이 그 이전에 장단기 금리차(10년과 2년 수익률 차이)가 역전되었었습니다. 단지 시차의 문제였을 뿐입니다. 2022년 하반기부터 장단기 금리차가 역전되었고, 최근에는 그 차이가 더 확대되고 있습니다. 머지않아 미국 경제가 침체에 빠질 수 있다는 것을 시사하고 있습니다.

우리나라에서도 장단기 금리차가 경기를 전망하는데 유용한 지표입니다. 저는 10년과 1년 국고채수익률 차이로 미래의 경제성장률이나 선행지수 순환변동치 방향을 예상합니다. 우선 2000년 1분기에서 2022년 3분기까지 데이터를 대상으로 분석해보면 장단기 금리차가 경제성장률에 3분기 선행(상관계수 0.65)했습니다.

그림 2-13 ▶ 장단기 금리차와 선행지수 순환변동치 (% 포인트)

자료: 통계청, 한국은행

2021년 4분기를 정점(분기 평균 1.40%)으로 장단기 금리차가 축소되기 시작했고, 2022년 4분기에는 그 차이가 0.19%로 더 줄었습니다. 3분기 선행성을 고려하면 2023년 3분기까지 우리 경제성장률이 계속해서 낮아질 것입니다.

또한 장단기 금리차는 경기에 선행하는 통계청의 선행종합지수 순환변동치보다 앞서 왔습니다. 2008년 1월~2022년 11월 데이터로 두 변수의 상관계수를 구해보면 장단기 금리차가 선행지수에 4개월 선행(상관계수 0.66)해왔습니다. 2015년 이후 통계에 따르면 같은 기간의 상관계수 0.70으로 가장 높아 거의 동행하는 것으로 분석되었습니다. 정보화의 진전으로 주식시장이 거의 시차 없이 반영하고 있는 것 같습니다.

　장단기 금리차가 2021년 3월(1.36%)을 정점으로 축소되기 시작했고 선행종합지수 순환변동치도 3개월 후인 2021년 6월을 정점으로 하락 추세로 전환했습니다. 2022년 12월에는 10년 국고채수익률이 가파르게 하락하면서 10년 국고채가 발행된 2000년 10월 이후 처음으로 장단기 금리차가 마이너스(21일까지 평균 −0.18%)까지 떨어졌습니다. 2023년 상반기에 경기침체 정도가 깊어질 것을 시사하고 있습니다.

국내총생산

통계청에서 발표하는 산업활동동향에서 나오는 다양한 경제지표로 현재의 경기 국면을 진단하고 선행종합지수 순환변동치를 통해 미래의 경제를 전망하는 방법을 알아보았습니다. 3장에서는 국내총생산(GDP)을 통해 좀 더 거시적 경제 상황을 보도록 하겠습니다.

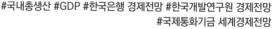

GDP는 생산, 분배, 지출 측면에서 측정합니다

2022년 한국 경제가 2.5% 성장한 것으로 추정됩니다. 여기서 뭐가 2.5% 성장했을까요. 정확하게 실질 GDP가 2.5% 증가했다는 의미입니다. 그러면 GDP는 무엇이고 왜 앞에 '실질'이라는 단어가 붙었을까요?

GDP(Gross Domestic Product, 국내총생산)란 한나라의 가계, 기업, 정부 등의 모든 경제주체가 일정기간에 새로이 생산한 재화와 서비스의 가치를 금액으로 평가하여 합산한 것입니다. GDP는 한 나라의 경제 상황을 종합적으로 파악할 수 있는 유용한 정보를 제공해줍니다.

GDP는 생산, 분배, 지출이라는 세 가지 접근법을 통해 산출됩니다. 어떤 방식으로 GDP를 계산하든지 결국은 같기 때문에 '삼면등가(三面等價) 원칙'*이라 합니다. 생산 측면에서 GDP는 각 산업에서 창출한 부가가치의 합으로 정의됩니다. 아주 단순한 예를 들어보겠습니다. 밀이 50원어치 있었습니다. 밀을 빻아 밀가루가 생산되었습니다. 이 밀가루의 시장가치가 100원이라면 50원의 부가가치가 생긴 것입니다. 우리가 거의 모든 상품과 서비스를 소비할 때 10%의 부가세를 내게 되는데, 이때 생긴 50원의 부가가치에 대한 세금 5원이 부가가치세입니다. 밀가루 원료로 일정한 공정을 거쳐서 150원의 빵이 되었다면, 여기서도 부가가치가 50원 증가한 것입니다. 이제 생산된 빵이 시장에서 200원에 팔린다면 여기서 또 부가가치가 50원 추가됩니다. 밀에서 빵까지 가는 과정에서 부가가치가

....

* 국민 소득을 생산·분배·지출의 세 측면에서 측정한 국민 소득의 크기가 이론적으로 동일하다는 법칙이다.

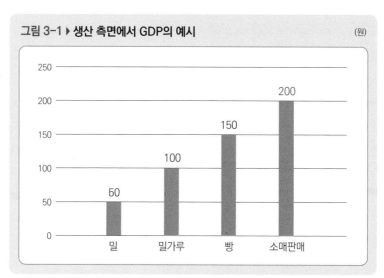

그림 3-1 ▶ 생산 측면에서 GDP의 예시   (원)

자료: 통계청, 한국은행

200원 창출되었습니다. 이를 생산 측면에서 GDP라고 합니다. 혹은 최종 생산의 시장가치(여기서 빵 가격) 200원이 생산 측면에서 GDP입니다.

생산 활동을 통해서 발생한 부가가치는 생산에 참여한 각 경제주체 혹은 생산 요소에 분배가 됩니다. 밀을 밀가루로 만들기 위해서는 공장을 만들기 위한 땅, 기계를 사기 위한 자본, 생산에 참여한 노동 등이 필요합니다. 여기서 땅에 대해서 지대가 지불되고, 자본에 대해서는 이자가 지급되고, 노동에 대해서는 임금이 지급됩니다. 여기서 남은 것은 이윤으로 일부는 주주에게 배당금 형태로 나눠줌니다. 이를 분배 측면에서 GDP라 합니다.

　지출 측면에서 GDP는 한 나라 안에서 각 경제주체가 지출한 모든 것을 더한 것입니다. 지출은 재화 및 서비스 시장에서 이루어집니다. 여기에는 민간 소비 지출(C), 기업 투자 지출(I), 정부 지출(G), 수출(X)에서 수입(M)을 뺀 순수출이 포함됩니다. 지출 측면에서 GDP는 우리가 경제학 교과에서 자주 보게 되는

$$GDP(Y) = C + I + G + X - M$$

으로 표시됩니다. 여기서 투자는 건설투자, 설비투자, 지적재산생산물 투자로 세분됩니다.

실질 GDP와 명목 GDP의 차이

2022년 한국 경제가 2.5% 성장했다는 것은 실질 GDP가 그만큼 늘어났다는 의미입니다. 실질 GDP와 명목 GDP는 어떤 차이가 있을까요. (명목 GDP를 한국 정부는 경상 GDP라 표현합니다.) 이 차이도 아주 단순화해서 설명해보겠습니다. 우리 경제에 'A'라는 자동차 회사가 하나만 있다고 아주 단순한 과정을 해봅니다.

이 자동차 회사가 2022년에 100원(P)의 가격을 가진 자동차 100대(Q)를 생산하고, 이 자동차가 다 판매되었다고 가정합니다. 그런데 2023년에 자동차가 100원의 가격이 고정되어 있는데 생산량이 105대가 되었다면, 우리 경제가 5% 성장한 것입니다. 실질 GDP는 기준 연도 가격(현재 2015)을 정해놓고 생산량이 얼마나 변했는가를 측정합니다.

이와는 달리 명목 GDP는 측정 시 가격 변화를 고려합니다. 앞으로 자동차 가격이 100원에서 105원으로 5% 오르고 생산량도 5% 증가했다면 명목 GDP는 10% 성장한 것입니다.

일반적으로 물가를 오르기 때문에 실질 GDP보다 명목 GDP가 더 큽니다. 그런데 그 반대의 경우가 있습니다. 앞의 예에서 자동차 가격이 100원에서 95원으로 떨어졌다면 실질 GDP는 5% 성장하는데, 명목 GDP는 0% 성장하게 됩니다. 그런 경우를 일본에서 찾아볼 수 있습니다. 1990년 들어 거품이 붕괴하면서 일본 경제는 물가가 지속적으로 하락하는 디플레이션* 상태에 접어들었습니다. 물가가 계속 하락한다고 생각하면 오히려 소비가 줄어듭니다. 지금보다 나중에 상품을 더 싸게 살 수 있을 것이기 때문입니다. 그렇게 되면 기업의 매출과 이익이 감소하고 기업은 고용을 줄이게 됩니다. 고

---

* 경제 전반적으로 상품과 서비스의 가격이 장기간 지속적으로 하락하는 현상을 디플레이션이라고 한다. 경제의 한 부문에서 가격이 하락하는 현상은 디플레이션이 아니다.

용 감소로 가계의 소득이 줄면 소비가 위축되고, 이는 다시 물가 하락을 초래합니다.

여기서 '아베노믹스'*도 이해할 수 있습니다. 아베노믹스의 핵심은 바로 물가상승 유도입니다. 쉽게 말해 물가상승률이 2% 될 때까지 무한정으로 돈을 풀어보자는 것입니다. 물가는 오르면 소비가 증가하고 기업 매출과 이익도 증가하면서 디플레이션에 벗어날 수 있다는 것입니다.

이 외에 우리가 상식적으로 알아야 할 국민소득 관련 용어의 개념을 아래에 정리해놓았습니다.

- 국내총소득, GDI(Gross Domestic Income)
  = GDP + 교역조건 변화에 따른 실질무역손익

- 국민총소득, GNI(Gross National Income)
  = GDI - 외국인이 국내에서 벌어간 실질소득
  + 우리 국민이 외국에서 벌어들인 실질소득

* 유동성 확대를 통해 디플레이션에서 벗어나겠다는 아베 신조 일본총리의 경기부양책이다. 아베 신조와 economics를 합쳐놓은 신조어.

- 국민순소득, NNI(Net National Income)

  = GDP − 고정자본소모

- 국민총처분가능소득, GNDI(Gross National Disposable

  Income) = NNI − 국외순수치 경상이전

- 총저축률(%) = (저축/국민총처분가능소득) × 100

- 총투자율(%) = (총투자/국민총처분가능소득)

- 저축 − 투자 = 수출 − 수입

  (정부가 균형 예산을 편성할 경우, 저축이 투자보다 많으면

  경상수지 흑자)

- 1인당 GNI = 명목 GNI / 인구수

- GDP Deflator: 명목 GDP를 실질 GDP로 나눈 것으로

  한 나라의 총체적 물가수준을 나타냄

GDP는
속보치, 잠정치, 확정치
순서로 발표합니다

GDP는 국민소득계정(national income and product accounts) 가운데 하나입니다. 국민소득계정은 국민소득의 내용과 구성을 경제주체(가계, 기업, 일반정부, 해외부문) 및 경제활동의 형태(생산, 소비, 자본축적, 정부 및 대외거래)별로 정리하고 그 결과를 복식부기의 원리에 입각하여 나타내는 계정 체계입니다. 이는 산업연관표(input-output table), 자금순환계정(flow of funds account)과 더불어 한 나라의 경제활동을 파악하는 데 있어 불가결한 통계표 중의 하나입니다.

국민소득계정은 분기 혹은 연별로 한국은행에서 작성해서 발표하는데, 분기 속보, 분기 잠정, 연간 잠정, 확정의 네 단계를 거칩니다. 그 단계와 추계 내용은 [표 3-1]에 요약해놓았습니다.

여기에 GDP가 들어있는데, 분기 속보 GDP는 분기 종료 후 28일 이내 발표하기로 되어 있습니다. 여기서 '속보'라는 단어가 들어간 의미를 알 필요가 있습니다. 예를 들면 매년 3분기 GDP는 10월 28일 이전에 발표해야 합니다. 그런데 문제는 이때 3분기 해당하는 7, 8월 통계를 알지만, 9월 데이터는 모른다는 것입니다. 한국은행은 9월 데이터를 추정해서 3분기 GDP 속보치를 작성해서 발표하게 됩니다.

분기가 끝난 후 70일 이내에 한국은행은 분기 잠정 GDP를 발표

표 3-1 ▶ 현행 국민계정 추계 체제

	분기 속보 (1/4~4/4)	분기 잠정 (1/4~3/4)	연간 잠정 (4/4분기 포함)	확정
공표시한	분기 종료 후 28일 이내	분기 종료 후 70일 이내	연도 종료 후 3개월 이내	연도 종료 후 1년 3개월 이내
이용자료	2개월 실적 및 결측월 추정자료	분기 잠정 자료	연간 잠정 자료	연간 확정 자료

추계내용	• 경제활동별
	  국내총생산
	  (실질)
	• 국내총생산에
	  대한 지출
	  (실질)
		• 경제활동별
		  국내총생산
		  (실질, 명목)
		• 국내총생산에
		  대한 지출
		  (실질, 명목)
			• 경제활동별
			  국내총생산
			• 국내총생산에
			  대한 지출
			• 종합계정
			• 제도부문별
			  소득계정
			• 자본재형태별
			  주체별 총자본
			  형성 등
			  10개 부표
				• 연간 잠정 추계
				  내용
				• 제도부문별
				  생산계정
				• 제도부문별
				  자본계정
				• 경제활동별
				  국내총부가가치와
				  요소소득 등
				  7개 부표

자료: 한국은행

합니다. 분기의 마지막 달의 추정치에 따라 GDP뿐만 아니라 GDP
를 구성하는 소비, 투자, 수출입 등의 수치가 달라질 수 있습니다.
[표 3-2], [표 3-3]은 2022년 3분기 지출 측면에서 GDP 속보치와
잠정치를 비교한 것입니다. 3분기 GDP 성장률은 전분기대비 0.3%
로 속보치나 잠정치가 같습니다. 그러나 GDP 구성요소에는 차이
가 있습니다. 속보치는 민간소비 증가율이 1.9%였으나 잠정치에서

표 3-2 ▶ 국내총생산에 대한 지출(속보치)

(2015년 연쇄가격 기준)

(계절조정계열 전기 전년동기, %)

	2020				2021ᵖ				2022ᵖ			
	1/4	2/4	3/4	4/4	1/4	2/4	3/4	4/4	1/4	2/4	3/4	
국내총생산	-1.3	-3.0	2.3	1.2	1.7	0.8	0.2	1.3	0.6	0.7	0.3	(3.1)
(GDP)	(1.5)	(-2.5)	(-0.9)	(-0.9)	(2.2)	(6.2)	(4.0)	(4.2)	(3.0)	(2.9)		
민간소비	-6.6	1.1	0.3	-1.1	1.2	3.3	0.0	1.5	-0.5	2.9	1.9	(5.9)
정부소비	1.7	0.7	0.3	-0.2	1.6	3.5	1.4	1.5	0.0	0.7	0.2	(2.4)
건설투자	1.4	-2.7	-2.3	2.4	0.1	-1.5	-2.0	2.0	-3.9	0.2	0.4	(-1.5)
설비투자	-0.4	1.5	5.9	-0.2	6.8	0.9	-3.0	-0.2	-3.9	0.5	5.0	(1.3)
지식재산 생산물투자	0.8	1.7	1.0	0.8	0.9	1.6	0.8	1.2	1.6	0.0	3.0	(6.0)
재고 증감¹⁾	0.7	0.4	-1.5	0.0	0.5	0.1	0.0	-0.1	0.0	0.2	0.3	(0.3)
수출	-0.7	-14.5	15.7	3.2	4.1	-0.7	1.1	3.2	3.6	-3.1	1.0	(4.6)
수입	-2.6	-5.4	6.2	-0.2	5.6	2.7	-0.3	3.5	-0.6	-1.0	5.8	(7.7)

주 : ¹⁾ 재고증감은 GDP에 대한 성장기여도(%p) 자료: 한국은행
　　²⁾ ( ) 내는 원계열 전년동기대비 증감률

는 1.7%였습니다. 9월 실제 소비가 한국은행이 추정한 것보다 낮았다는 의미입니다. 설비투자 증가율은 5.0%에서 7.9%로 크게 상향 조정되었습니다.

　한편 한국은행은 분기마다 생산 측면에서 GDP를 작성해서 발표합니다. [표 3-4]에 경제활동별 국내총생산으로 표시되어 있는데,

표 3-3 ▶ 국내총생산에 대한 지출(잠정치)

(2015년 연쇄가격 기준)

(계절조정계열 전기대비, %)

	2020				2021ᵖ				2022ᵖ		3/4	
	1/4	2/4	3/4	4/4	1/4	2/4	3/4	4/4	1/4	2/4		
국내총생산	-1.3	-3.0	2.3	1.2	1.7	0.8	0.2	1.3	0.6	0.7	0.3	(3.1)
(GDP)	(1.5)	(-2.5)	(-0.9)	(-0.9)	(2.2)	(6.2)	(4.0)	(4.2)	(3.0)	(2.9)		
민간소비	-6.6	1.1	0.3	-1.1	1.2	3.3	0.0	1.5	-0.5	2.9	1.7	(5.7)
정부소비	1.7	0.7	0.3	-0.2	1.6	3.5	1.4	1.5	0.0	0.7	0.1	(2.3)
건설투자	1.4	-2.7	-2.3	2.4	0.1	-1.5	-2.0	2.0	-3.9	0.2	-0.2	(-2.1)
설비투자	-0.4	1.5	5.9	-0.2	6.8	0.9	-3.0	-0.2	-3.9	0.5	7.9	(4.1)
지식재산 생산물투자	0.8	1.7	1.0	0.8	0.9	1.6	0.8	1.2	1.6	0.0	3.5	(6.4)
재고증감¹⁾	0.7	0.4	-1.5	0.0	0.5	0.1	0.0	-0.1	0.0	0.2	0.3	(0.3)
수출	-0.7	-14.5	15.7	3.2	4.1	-0.7	1.1	3.2	3.6	-3.1	1.1	(4.8)
수입	-2.6	-5.4	6.2	-0.2	5.6	2.7	-0.3	3.5	-0.6	-1.0	6.0	(7.8)

주 : ¹⁾ 재고증감은 GDP에 대한 성장기여도(%p)
　　²⁾ ( ) 내는 원계열 전년동기대비 증감률

자료: 한국은행

이는 각 산업에서 창출한 부가가치의 변화입니다. 제조업 생산이 2022년 2, 3분기에 감소했습니다. 이는 앞 장의 통계청 산업활동동향에서 본 것처럼 높은 재고 때문에 제조업이 생산을 조정한 결과일 것입니다.

표 3-4 ▶ 경제활동별 국내총생산

(2015년 연쇄가격 기준)

(계절조정계열 전기대비, %)

	2020				2021ᵖ				2022ᵖ			
	1/4	2/4	3/4	4/4	1/4	2/4	3/4	4/4	1/4	2/4	3/4	
국내총생산	-1.3	-3.0	2.3	1.2	1.7	0.8	0.2	1.3	0.6	0.7	0.3	(3.1)
(GDP)	(1.5)	(-2.5)	(-0.9)	(-0.9)	(2.2)	(6.2)	(4.0)	(4.2)	(3.0)	(2.9)		
농림어업	0.3	-6.3	-0.6	3.4	6.9	-9.8	8.2	0.7	1.6	-8.7	3.9	(-2.9)
제조업	-0.7	-8.8	7.6	2.5	3.9	-0.4	-0.3	0.7	3.3	-0.7	-0.8	(2.4)
건설업	0.0	-1.4	-3.7	1.1	0.1	-1.7	-1.2	2.2	-1.6	-0.1	1.3	(1.6)
서비스업1)	-2.3	-1.1	1.2	0.7	0.9	1.7	0.6	1.9	0.0	1.8	0.8	(4.6)

주 : 1) 도소매 및 숙박음식업, 운수업, 금융 및 보험업, 부동산업, 정보통신업, 사업서비스업, 공공행정,
　　　 국방 및 사회보장, 교육서비스업, 의료, 보건업 및 사회복지서비스업, 문화 및 기타 서비스업 포함
　　2) ( ) 내는 원계열 전년동기대비 증감률

자료: 한국은행

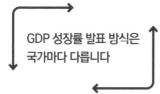

**GDP 성장률 발표 방식은
국가마다 다릅니다**

[표 3-4]를 보면 표면 2022년 3분기
GDP가 전기대비로는 0.3% 성장했
으나, 전년동기대비는 3.1% 성장했
다고 괄호 속에 표시되어 있습니다. 1장에서 모든 경제지표에는 계
절, 불규칙, 추세, 순환 요인이 들어있다고 했습니다. 경제지표에서
계절과 불규칙 요인을 제거하지 않은 것은 원계열이라 합니다. 주
로 농업생산 때문에 우리나라 GDP가 4분기에 증가하고 1분기에
감소하는 현상입니다. 전년동기대비는 원계열의 변화율입니다.

2022년 3분기 GDP가 전년동기대비 3.1% 성장했다고 나와 있는데, 이 계산식은 다음과 같습니다.

$$\left(\frac{2022년\ 3분기\ 원계열\ GDP(493조\ 616억\ 원)}{2021년\ 3분기\ 원계열\ GDP(478조\ 1,895억\ 원)} - 1 \right) \times 100$$

원계열 GDP에서 계절과 불규칙 요인을 제거하면 계절조정 GDP를 얻을 수 있습니다. 2022년 3분기 GDP가 전기대비로는 0.3% 성장했습니다. 이 수치는 다음 식에서 나온 것입니다.

$$\left(\frac{2022년\ 3분기\ 계절조정\ GDP(493조\ 5,198억\ 원)}{2022년\ 2분기\ 계절조정\ GDP(491조\ 9,317억\ 원)} - 1 \right) \times 100$$

국가별로 GDP 발표 방식이 다릅니다. 예를 들면 2022년 3분기 한국 GDP는 0.3%, 중국은 3.9%, 미국은 3.2% 성장했다고 발표되었습니다. 한국은 전기대비이고 중국은 전년동기대비입니다. 미국 GDP는 연율로 계산해서 발표합니다. 발표 방식이 다르기 때문에 성장률을 발표된 숫자 그대로 비교해서는 안된다는 것입니다. 참고로 미국의 연율 계산식은 다음과 같습니다.

$$\left(\left(\frac{\text{이번 분기 GDP}}{\text{직전 분기 GDP}}\right)^4 - 1\right) \times 100$$

GDP 기여도는
무엇일까요

한국은행은 GDP를 발표할 때마다 경제성장 기여도를 구해서 참고 지표로 제시합니다. 기여도는 GDP를 생산과 지출 측면에서 구성하는 항목이 GDP 변동에 어느 정도나 영향을 미쳤는지를 파악할 때 사용하는 개념입니다. [표 3-5]는 2022년 3분기 국민소득 잠정치를 발표할 때 나온 경제성장 기여도입니다. 생산 측면에서 기여도도 나와 있으나 지워버리고, 지출 측면에서 성장기여도만 남겼습니다. 2022년 3분기 GDP는 전분기대비 0.3% 성장했습니다. 각 부분의 성장기여도가 나와 있습니다만, 민간소비의 기여도가 0.8%로 나와있습니다. 만약 3분기에 민간소비가 증가하지 않았다면, 3분기 성장률은 0.3%가 아닌 마이너스(-) 0.5%였을 것이라는 의미입니다.

그렇다면 기여도는 어떻게 구할까요? [표 3-6]은 2020년과 2021년 지출 측면에서 GDP를 구성하는 주요 부문입니다.

우선 상식적으로 GDP에서 각 부문의 비중은 아는 게 좋을 것 같

표 3-5 ▶ 지출항목별 성장기여도

(2015년 연쇄가격 기준, 계절조정계열)

(전기대비, %p)

			2020				2021ᴾ				2022ᴾ		
			1/4	2/4	3/4	4/4	1/4	2/4	3/4	4/4	1/4	2/4	3/4
국내총생산			-1.3	-3.0	2.3	1.2	1.7	0.8	0.2	1.3	0.6	0.7	0.3
지출별	주체별	민간	-1.7	-2.8	2.5	1.1	1.4	0.5	0.1	0.7	1.2	0.6	0.2
		정부	0.3	-0.3	-0.2	0.1	0.3	0.4	0.1	0.6	-0.6	0.2	0.1
	항목별	내수	-2.0	0.8	-1.0	-0.2	2.0	2.1	-0.3	1.2	-1.1	1.7	2.0
		• 최종소비지출	-2.9	0.6	0.2	-0.6	0.9	2.1	0.3	1.0	-0.2	1.4	0.8
		민간	-3.2	0.5	0.1	-0.5	0.6	1.5	0.0	0.7	-0.2	1.3	0.8
		정부	0.3	0.1	0.1	0.0	0.3	0.6	0.3	0.3	0.0	0.1	0.0
		• 총고정자본형성	0.2	-0.2	0.2	0.4	0.7	0.0	-0.5	0.3	-0.8	0.1	0.9
		건설투자	0.2	-0.4	-0.4	0.4	0.0	-0.2	-0.3	0.3	-0.6	0.0	0.0
		설비투자	0.0	0.1	0.5	0.0	0.6	0.1	-0.3	0.0	-0.3	0.0	0.7
		지식재산생산물투자	0.1	0.1	0.1	0.1	0.1	0.1	0.1	0.1	0.1	0.0	0.2
		민간	0.2	0.2	0.5	0.3	0.7	0.2	-0.4	0.0	-0.3	0.1	0.8
		정부	0.0	-0.4	-0.2	0.1	0.0	-0.2	-0.1	0.3	-0.6	0.0	0.1
		• 재고증감및귀중품순취득	0.7	0.4	-1.5	0.0	0.5	0.1	0.0	-0.1	0.0	0.2	0.3
		순수출	0.6	-3.8	3.4	1.3	-0.4	-1.2	0.5	0.0	1.7	-1.0	-1.8
		재화와 서비스의 수출	-0.3	-5.8	5.5	1.3	1.4	-0.3	0.4	1.2	1.6	-1.4	0.5
		(공제) 재화와 서비스의 수입	-0.9	-1.9	2.2	-0.1	1.8	0.9	-0.1	1.2	-0.2	-0.4	2.3
		통계상 불일치	0.0	0.0	0.0	0.1	0.0	-0.1	0.0	0.0	0.0	0.0	0.1

자료: 한국은행

표 3-6 ▶ GDP 기여도 계산

(단위: 조원, %, %p)

	총소비	민간소비	정부소비	건설투자	설비투자	총수출	GDP
2020년	1171.6	851.0	319.7	269.3	166.6	766.1	1839.5
2021년	1221.3	882.5	337.7	265.0	181.6	849.1	1915.8
비중	63.8	46.1	17.6	13.8	9.5	44.3	100.0
기여율	35.2	41.3	23.6	-5.7	19.8	109.0	100.0
기여도	2.7	1.7	1.0	-0.2	0.8	4.5	4.1

자료: 한국은행

습니다. 2021년 기준으로 민간 소비가 GDP에서 차지하는 비중은 46.1%입니다. 미국의 경우는 70.1%로 우리보다 훨씬 더 높습니다. 그러나 우리 경제에서 총수출이 차지하는 비중이 44.3%로 매우 높습니다. 미국의 수출 비중이 12.1%, 일본의 경우 19.0%로 낮습니다. 일본의 경우 장기 불황에 빠지기 직전인 1990년대 초반에 GDP에서 차지하는 수출 비중이 8% 정도였습니다. 한국과 일본 경제의 차이점입니다. 한국 경제의 수출 비중이 높기 때문에 세계 경제가 좋으면 한국 경제는 일본식 디플레이션으로 가지 않을 것이라는 이야기입니다. 그러나 세계 경제가 침체에 빠지면 한국 경제는 일본보다 더 큰 타격을 받을 수 있습니다.

이제 본론으로 돌아와서 기여도를 계산해보겠습니다. 우선 기여율을 알아야 합니다. 기여율은 다음과 같은 식으로 계산합니다.

$$\text{기여율}(\%) = \left(\frac{\text{각 부문별 증감액}}{\text{GDP 증감액}} \right) \times 100$$

2021년 민간소비의 기여율을 이 식에 따라 구하면 41.3%입니다. 구성요소의 기여율을 전부 합하면 100%입니다. 이 식에서는 GDP를 구성하는 일부 요소를 제거했기 때문에 합이 100%가 아닙니다. 총수입 기여율은 마이너스 항목입니다.

기여도는 아래 식으로 계산합니다. 각 부분의 기여율에 GDP 성장률을 곱한 것으로 % 포인트 형태로 표시됩니다.

$$\text{기여도}(\%p) = \left(\frac{\text{각 부문별 증감액}}{\text{GDP 증감액}} \right) \times \text{GDP 증가율} \times 100$$

2021년 민간소비의 GDP 성장기여도를 구하면 1.7% 포인트가 나옵니다. 2021년 민간소비가 정체되었다고 하면 경제성장률은 4.1%나 아닌 2.4%(=4.1%-1.7%)였을 것이라는 이야기입니다. GDP 부문의 기여도를 전부 합치면 경제성장률이 나오게 됩니다. 물론 여기서도 GDP를 구성하는 수입 등을 넣지 않았기 때문에 차이가 있습니다.

한국은행에서 연간 국민계정을 발표할 때 [표 3-7]과 같은 주요 경제 지표가 있습니다. 2021년 기준으로 우리나라의 명목 GDP는 2071.7조 원이었습니다. 달러로 표시하면 1.8조 달러입니다. 국제통화기금(IMF)에 따르면 2021년 세계 GDP는 97.1조 달러였습니다. 우리나라 GDP가 세계에서 차지하는 비중은 1.9%였던 셈입니다. 최근 우리나라 경제성장률이 세계 평균 성장률보다 더 낮아지고 있기 때문에 이 비중은 점차 줄어들 것으로 보입니다.

2021년 1인당 국민소득은 35,373달러로 사상 최고치를 기록했습니다. 그러나 2022년에는 원화 가치 급락으로 32,000달러 정도로 낮아졌을 것으로 추정됩니다.

1997년 이후 우리 경제에서 총저축률이 총투자율을 넘어서고 있습니다. 국민소득 결정식(소비＋투자＋정부지출＋수출＝소비＋저축＋조세＋수입)에서 정부가 균형예산을 편성한다면 저축과 투자의 차이는 수출과 수입의 차이입니다. 저축률이 투자율을 넘어서고 있어서 우리나라 경상수지가 계속 흑자를 내고 있는 것입니다.

표 3-7 ▶ 국민계정 주요지표

	단위	2018	2019	2020	2021ᵖ
경제규모 및 국민소득 (명목)					
국내총생산 (GDP)	조원	1,898.2	1,924.5	1,940.7	2,071.7
	억달러	17,252	16,510	16,446	18,102
1인당 국민총소득 (GNI)	천원	36,930	37,539	37,766	40,482
	달러	33,564	32,204	32,004	35,373
1인당 가계총처분가능소득 (PGDI)	천원	19,874	20,474	21,185	22,317
	달러	18,063	17,565	17,953	19,501
GDP 디플레이터 등락률	%	0.5	-0.8	1.6	2.5
노동소득분배율	%	63.5	66.4	68.4	68.4
저축률과 투자율 (명목)					
총저축률	%	35.9	34.7	36.0	36.3
가계순저축률	%	6.1	6.9	12.4	11.6
국내총투자율	%	31.5	31.3	31.7	31.8

자료: 한국은행

한국은행의 경제전망은 이렇습니다

앞에서 GDP의 기본 개념을 자세하게 살펴보았습니다. 이제 이를 토대로 주요 기관에서 경제전망을 보려 합니다. 우선 한국은행의 경제전망입니다. 한국은행 경제전망을 먼저 보는 것은 이를 바탕으로 한국은행이 통화정책방향을 결정하기 때문입니다.

한국은행은 1년에 네 번 경제전망을 발표합니다. 발표일은 2, 5, 8, 11월 통화정책방향 결정회의가 있는 날입니다. 우리는 한국은행 보도자료에 들어가서 경제전망을 검색하면 아래와 같은 화면을 볼 수 있습니다.

커뮤니케이션	보도자료		
보도자료 ∧	⌂ > 커뮤니케이션 > 보도자료		
└ 보도자료	Total : 89건 [1/9 pages]	경제전망 검색 ∨ 상세검색	
~ 주간보도계획			
~ 언론보도해명자료	경제전망(2022.11월)		
공지사항 ∨		⏱ 2022.11.24	◎ 5844
주요연설문 ∨	경제전망(2022.8월)		
블로그 ∨		⏱ 2022.08.25	◎ 6864
주요행사 ∨	경제전망(2022.5월)		
미디어센터 ∨		⏱ 2022.05.26	◎ 7486
뉴스레터 ∨	경제전망(2022.2월)		
한은소식 ∨		⏱ 2022.02.24	◎ 5366

자료: 한국은행

2022년 11월에 발표한 경제전망 자료를 보면 [표 3-8]과 같은 경제전망 요약표가 나옵니다. 2022년에 우리 경제가 2.6% 성장한 것으로 추정하고 있습니다. 이는 실질 GDP가 2021년에 비해 2.6% 증가했다는 의미입니다. 이후로 실질 GDP 성장률을 쉽게 경제성장률로 표현하겠습니다.

표 3-8 ▶ 경제 전망

(%)

	2021	2022			2023^{e)}			2024^{e)}
		상반	하반^{e)}	연간^{e)}	상반	하반	연간	연간
• GDP¹⁾	4.1	3.0	2.3	2.6	1.3	2.1	1.7	2.3
민간소비	3.7	4.1	5.3	4.7	4.3	1.3	2.7	2.2
설비투자	9.0	−6.4	2.7	−2.0	0.7	−6.7	−3.1	3.6
지식재산생산물투자	4.4	4.6	4.8	4.7	3.5	3.6	3.6	3.6
건설투자	−1.6	−4.5	−0.4	−2.4	2.4	−2.4	−0.2	0.7
상품수출	10.5	6.0	0.9	3.4	−3.7	4.9	0.7	3.3
상품수입	12.8	5.3	6.4	5.8	2.0	−1.2	0.4	2.9
• 취업자수 증감(만명)¹⁾	37	94	70	82	8	9	9	15
• 실업률	3.7	3.2	2.7	3.0	3.6	3.2	3.4	3.3
• 고용률	60.5	61.6	62.5	62.1	61.5	62.5	62.0	62.1
• 소비자물가¹⁾	2.5	4.6	5.6	5.1	4.2	3.1	3.6	2.5
식료품·에너지 제외	1.4	3.1	4.0	3.6	3.4	2.3	2.9	2.0
농산물·석유류 제외	1.8	3.6	4.6	4.1	4.2	3.0	3.6	2.4
• 경상수지(억달러)	883	248	2	250	20	260	280	480

주: 1) 전년동기대비   자료: 한국은행

한국은행은 2023년에는 우리 경제가 2022년보다 낮은 1.7% 성장할 것으로 전망하고 있습니다. 상반기에는 1.3%로 낮아졌다가 하반기에는 2.1%로 높아지고, 2024년에는 2.3%로 회복될 것으로 내다보고 있습니다.

수요 측면에서 GDP를 구성하는 부문을 각각 전망하고 있습니다. 2022년에 민간소비가 4.7% 증가하면서 경제성장을 이끌었는데, 2023년에도 소비가 2.7% 증가하면서 경제성장률(2.7%)보다 높은 성장을 할 것으로 내다보고 있습니다. 설비투자는 2022년에 이어 2023년에도 감소할 것으로 전망했습니다. 수출도 소폭 증가에 그칠 것으로 전망하고 있습니다.

한국은행은 경제전망을 할 때마다 경제성장률뿐만 아니라 고용, 물가, 경상수지 전망치를 같이 발표하고 있습니다. 2022년에 이른 바 '삼고'(고물가, 고금리, 고환율)라는 단어가 경제나 금융시장에 화두였습니다. 삼고의 가장 기본적 원인이 고물가였습니다. 2022년 소비자물가상승률이 5.1%로 1998년(7.5%) 이후 최고치를 기록했습니다. 물가가 오르다 보니 한국은행은 금리를 올릴 수밖에 없었습니다. 특히 미국의 연방준비제도 금리를 더 빠르게 올리다 보니 달러 가치가 오르고 원화 가치는 떨어지면서 원/달러 환율이 높은 수준을 유지했습니다.

한국은행 전망에 따르면 소비자물가상승률이 2023년에 3.6%, 2024년에는 2.5%로 점차 낮아집니다. 여전히 한국은행이 통화정책 목표로 내세운 2%를 넘지만, 삼고의 원인이 점차 해소될 것이라는 의미입니다.

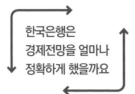

한국은행은
경제전망을 얼마나
정확하게 했을까요

한국은행은 거시경제모델을 통해 앞에서 본 GDP, 물가, 경상수지 등 거시경제지표를 예측합니다. 그렇다면 한국은행 GDP 성장률 전망치가 실제치에 얼마나 접근했을까요?

[그림 3-2]는 2000~2021년의 한국은행이 연말(2000~2012년) 혹은 연초(2013~2022년)에 전망했던 경제성장률과 실제 경제성장률을 비교해본 것입니다. 대체로 한국은행 전망치가 실제 성장률보다 높았습니다. 특히 미국에서 시작한 금융위기가 전 세계로 확산한 2008년 이후로는 그런 경향이 더욱 뚜렷하게 나타났습니다.

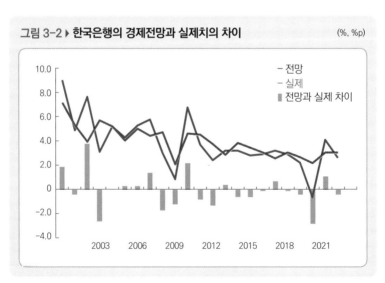

그림 3-2 ▶ 한국은행의 경제전망과 실제치의 차이　　　　(%, %p)

주: 전망치는 연말 혹은 연초 기준　　　　　　　　　　　　　자료: 한국은행

2008~2022년 연평균 경제성장률은 2.9%였는데, 한국은행 전망치는 3.2%로 실제보다 0.4% 포인트 높았습니다. 13% 정도 과다 예측한 셈입니다. 그 이유는 나중에 살펴보겠습니다만, 우리나라 잠재성장률이 구조적으로 하락하고 있는 것을 반영하지 못하고 있는 것 같습니다.

물론 경제성장률을 정확하게 예측하는 것은 불가능합니다. 제가 증권사 리서치센터장으로 근무할 때 애널리스트들에게 수치보다는 방향만 정확하게 전망해달라고 부탁했던 이유입니다.

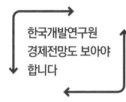

한국개발연구원 경제전망도 보아야 합니다

통화정책방향을 결정하는 한국은행 경제전망도 중요하지만, 그 못지않게 한국개발연구원(KDI) 경제전망도 중요합니다. KDI의 경제전망이 정부의 정책 결정에 어느 정도 반영되기 때문입니다. KDI 경제전망은 KDI 사이트에서 확인할 수 있으며, 동영상을 통해 경제성장을 요약한 내용도 확인할 수 있습니다. 그리고 보고서를 클릭하면 경제전망뿐만 아니라 국내외 경제동향, 주요 경제이슈의 심층분석 등을 볼 수 있습니다. 다음은 2022년 11월에 발표한 경제전망 자료화면과 목차입니다.

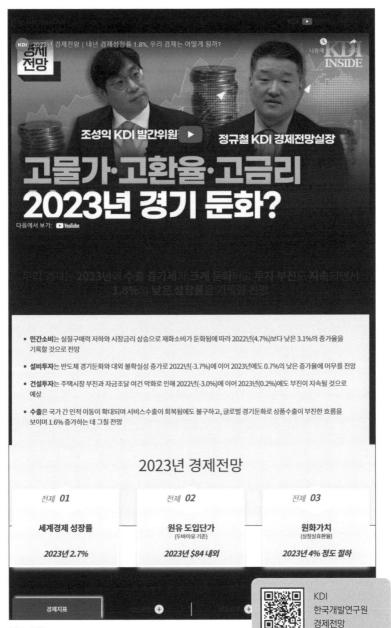

고물가·고환율·고금리 2023년 경기 둔화?

- **민간소비**는 실질구매력 저하와 시장금리 상승으로 재화소비가 둔화됨에 따라 2022년(4.7%)보다 낮은 3.1%의 증가율을 기록할 것으로 전망

- **설비투자**는 반도체 경기둔화와 대외 불확실성 증가로 2022년(-3.7%)에 이어 2023년에도 0.7%의 낮은 증가율에 머무를 전망

- **건설투자**는 주택시장 부진과 자금조달 여건 악화로 인해 2022년(-3.0%)에 이어 2023년(0.2%)에도 부진이 지속될 것으로 예상

- **수출**은 국가 간 인적 이동이 확대되며 서비스수출이 회복됨에도 불구하고, 글로벌 경기둔화로 상품수출이 부진한 흐름을 보이며 1.6% 증가하는 데 그칠 전망

2023년 경제전망

전제 *01*	전제 *02*	전제 *03*
세계경제 성장률	**원유 도입단가** (두바이유 기준)	**원화가치** (실질실효환율)
2023년 2.7%	*2023년 $84 내외*	*2023년 4% 정도 절하*

경제지표

KDI
한국개발연구원
경제전망

자료: KDI

▶ 경제전망 자료 목차

📑	요약
📑	현 경제상황에 대한 인식
📑	2023년 국내경제 전망
📑	정책방향
	환율 변동이 수출입과 무역수지에 미치는 영향　　자세히보기 ›
	최근 취업자 수 증가세에 대한 평가 및 향후 전망　　자세히보기 ›
	장기경제성장률 전망과 시사점　　자세히보기 ›
📑	국내경제 동향
📑	세계경제 동향

자료: KDI

[표 3-9]는 KDI의 경제전망 요약표입니다. 2023년 우리 경제가 1.8% 성장할 것으로 내다보고 있습니다. 한국은행 전망치(1.7%)와 거의 유사합니다. 경상수지 전망치에는 큰 차이가 납니다. 2023년에 한국은행은 경상수지가 280억 달러 흑자일 것으로 예상했으나, KDI는 160억 달러로 훨씬 더 낮습니다. 저도 대부분의 예측 모델을 통해 각종 경제지표를 전망하는데, 경상수지 예측 오차가 가장 큽니다. 우리 수출에 영향을 주는 해외 경제 상황이 그만큼 불확실하다는 이야기입니다.

표 3-9 ▶ 2023년 경제전망 (전년동기대비, %, 억달러, 만명)

	2021년	2022년p			2023년		
	연간p	상반기p	하반기	연간	상반기	하반기	연간
국내총생산	4.0	3.0	2.5	2.7	1.4	2.1	1.8
총소비	4.2	4.4	4.4	4.4	3.3	2.9	3.1
민간소비	3.7	4.1	5.2	4.7	3.7	2.5	3.1
총고정투자	2.8	−3.2	0.1	−1.5	1.2	0.9	1.1
설비투자	9.0	−6.4	−0.8	−3.7	1.0	0.4	0.7
건설투자	−1.6	−4.5	−1.6	−3.0	0.2	0.2	0.2
지식재산생산물투자	4.4	4.6	4.4	4.5	3.3	3.3	3.3
총수출(물량)	10.8	6.0	2.7	4.3	−0.1	3.2	1.6
상품수출(물량)	10.5	6.0	2.6	4.2	−1.0	3.0	1.0
총수입(물량)	10.1	3.4	5.1	4.3	2.8	2.8	2.8
상품수입(물량)	12.8	5.3	5.3	5.3	0.7	1.4	1.1
경상수지	883	248	−18	230	74	86	160
상품수지	762	200	−86	114	99	72	170
수출(금액)	6,500	3,351	3,440	6,992	3,267	3,324	6,590
(증가율)	35.5	16.0	0.0	7.6	−8	−3.4	−5.7
수입(금액)	5,738	3,351	3,527	6,878	3,168	3,252	6,420
(증가율)	31.2	25.2	15.2	19.9	−5.5	−7.8	−6.7
서비스수지, 본원·이전소득수지	121	48	68	116	−25	14	−11
소비자물가	2.5	4.6	5.5	5.1	4.0	2.5	3.2
근원물가	1.4	3.1	4.0	3.6	3.6	3.0	3.3
취업자 수(증감)	37	94	64	79	5	12	8
실업률	3.7	3.3	2.4	2.8	3.5	3.1	3.3
(계절조정)		2.9	2.8		3.1	3.5	

주: p는 잠정치임   자료: KDI

IMF에서도
한국 경제를
전망합니다

앞서 한국은행과 KDI 경제전망 내용을 살펴보았습니다. 국외에서도 한국 경제를 전망합니다. 국제통화기금(IMF)은 매분기마다 세계경제전망(WE, World Economic Outlook) 보고서를 냅니다. 아래 사이트 들어가면 2022년 10월에 발표된 경제전망 자료를 볼 수 있습니다. 자료 내용이 166페이지일 정도로 세계 경제 전망을 자세하게 해줍니다. 또한 주요 이슈를 분석해주고 주요국의 각종 전망치를 제시하여 줍니다.

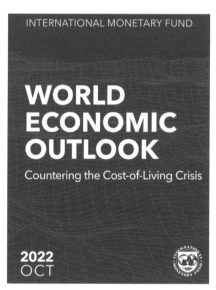

국제통화기금
(IMF)
세계경제전망

자료: IMF

〈부록〉에 보면 [표 3-10]과 같이 IMF는 아시아-태평양 지역 주요 국가의 각종 지표를 전망해줍니다. (편의를 위해 한글 표기하였습니다.) 여기에는 한국의 경제성장률, 소비자물가상승률, 경상수지, 실업률 등이 전망되어 있습니다. IMF는 2023년 한국 경제성장률을 2.0%로 전망하고 있습니다. 소비자물가상승률 전망치는 3.8%입니다. 한국은행이나 KDI가 전망한 것보다 경제성장률이나 물가상승률이 더 높습니다.

IMF가 경제전망 보고서를 발표할 때마다 우리나라 기획재정부가 이를 요약해서 제공하고 있습니다. 기획재정부 홈페이지의 보도·참고자료에서 검색 구분에 경제전망을 입력하면 아래와 같은 화면이 나옵니다.

자료: 기획재정부

표 3-10 ▶ 아시아 및 태평양 경제: 실질 GDP, 소비자물가, 경상수지, 실업률 (특별히 언급하지 않는 한 연간 퍼센트 변화)

| | Real GDP 실질 GDP | | |
| | | Projections 예측 | |
	2021년	2022년	2023년
Asia 아시아	6.5	4.0	4.3
Advanced Asia 선진 아시아	3.7	2.2	2.3
Japan 일본	1.7	1.7	1.6
Korea 한국	4.1	2.6	2.0
Taiwan Province of China 대만 중국	6.6	3.3	2.8
Australia 호주	4.9	3.8	1.9
Singapore 싱가포르	7.6	3.0	2.3
Hong Kong SAR 홍콩특별행정구	6.3	−0.8	3.9
New Zealand 뉴질랜드	5.6	2.3	1.9
Macao SAR 마카오 SAR	18.0	−22.4	56.7
Emerging and Developing Asia 신흥 및 개발도상국 아시아	7.2	4.4	4.9
China 중국	8.1	3.2	4.4
India 인도[4]	8.7	6.8	6.1
ASEAN-5 아세안-5	3.4	5.3	4.9
Indonesia 인도네시아	3.7	5.3	5.0
Thailand 태국	1.5	2.8	3.7
Vietnam 베트남	2.6	7.0	6.2
Philippines 필리핀 제도	5.7	6.5	5.0
Malaysia 말레이시아	3.1	5.4	4.4
Other Emerging and Developing Asia 기타 신흥 및 개발도상국[5]	3.0	3.7	4.4
Memorandum 각서(비망록)			
Emerging Asia 신흥 아시아[6]	7.4	4.4	4.9

자료: IMF 직원 추정치

참고: 일부 국가의 데이터는 회계 연도를 기반으로 합니다. 예외 보고 기간이 있는 국가 목록은 통계 부록의 표 F를 참조하십시오.

1) 소비자 물가의 움직임은 연평균으로 표시됩니다. 연말 간 변화는 통계 부록의 표 A6 및 A7에서 확인할 수 있습니다.

2) GDP의 백분율.

Asian and Pacific Economies: Real GDP, Consumer Prices, Current Account Balance, and Unemployment (Annual percent change, unless noted otherwise)

Consumer Prices 소비자물가[1]			Current Account Balance 통장 장고[2]			Unemployment 실업[3]		
	Projections 예측			Projections 예측			Projections 예측	
2021년	2022년	2023년	2021년	2022년	2023년	2021년	2022년	2023년
2.0	4.0	3.4	2.2	1.4	1.3	⋯	⋯	⋯
1.2	3.6	2.6	4.9	3.5	3.5	3.4	2.9	2.9
−0.2	2.0	1.4	2.9	1.4	2.2	2.8	2.6	2.4
2.5	5.5	3.8	4.9	3.2	3.5	3.7	3.0	3.4
2.0	3.1	2.2	14.8	14.8	12.7	4.0	3.6	3.0
2.8	6.5	4.8	3.1	2.1	0.7	5.1	3.6	3.7
2.3	5.5	3.0	18.1	12.8	12.5	2.7	2.1	2.1
1.6	1.9	2.4	11.3	8.6	5.9	5.2	4.5	4.0
3.9	6.3	3.9	−6.0	−7.7	−6.0	3.8	3.4	3.9
0.0	2.5	2.4	13.8	−2.4	22.8	3.0	3.0	2.7
2.2	4.1	3.6	1.0	0.7	0.6	⋯	⋯	⋯
0.0	2.2	2.2	1.8	1.8	1.5	4.0	4.2	4.1
5.5	6.9	5.1	−1.2	−3.5	−2.9	⋯	⋯	⋯
1.9	4.7	4.4	−0.3	0.5	0.8	⋯	⋯	⋯
1.6	4.6	5.5	0.3	2.2	1.1	6.5	5.5	5.3
1.2	6.3	2.8	−2.2	−0.5	1.9	1.5	1.0	1.0
1.8	3.8	3.9	−2.0	0.3	1.0	2.7	2.4	2.3
3.9	5.3	4.3	−1.8	−4.4	−3.3	7.8	5.7	5.4
2.5	3.2	2.8	3.8	1.6	2.2	4.7	4.5	4.3
5.1	12.4	11.4	−2.9	−4.4	−3.4	⋯	⋯	⋯
2.1	3.7	3.3	1.1	0.8	0.7	⋯	⋯	⋯

3) % 퍼센트. 실업에 대한 국가별 정의는 다를 수 있습니다.
4) 통계 부록의 '국가 참고 사항(Country Notes)' 섹션에서 인도에 대한 국가별 참고 사항을 참조하십시오.
5) 기타 신흥 및 개발도상국: 방글라데시, 부탄, 브루나이 다루살람, 캄보디아, 피지, 키리바시, 라오스, 몰디브, 미셜 제도, 미크로네시아, 몽골, 미얀마, 나우루, 네팔, 팔라우, 파푸아뉴기니, 사모아, 솔로몬 제도, 스리랑카 , 동티모르, 통가, 투발루, 바누아투.
6) 신흥 아시아는 ASEAN-5 경제, 중국 및 인도로 구성됩니다.

IMF 보고서 원문을 보는 게 좋습니다만, 기획재정부 자료에 핵심 내용이 담겨있습니다.

🏛 기획재정부 **보 도 자 료** 다시 도약하는 대한민국 함께 잘사는 국민의 나라

보도 일시	**2022.10.11.(화) 22:00** (국제엠바고)	배포 일시	2022. 10. 11. (화) 13:00
담당 부서	국제금융국 국제통화팀	**책임자** **담당자**	팀 장 박은정 (044-215-4840) 사무관 이동훈 (ldh57588kroea.kr)

'22.10월 국제통화기금(IMF) 세계경제전망(WEO) 발표

– '22년 세계 3.2%('22.7월 전망과 동일), 한국 2.6%(+0.3%p) –

* IMF는 4월·10월 전체 회원국 전망, 1월·7월 주요 30여개국 전망(한국 포함)

※ IMF는 '22.10.11 22:00(워싱턴 시간 10.11, 09:00) 세계경제전망(World Economic Outlook) 발표

① (세계 경제성장률) '22년 3.2%로 '22.7월 전망과 동일('23년 2.7%, △0.2%p)

ㅇ 세계 경제의 약 삼분의 일이 **2분기 연속 역성장에 직면**하고 있으며, **리스크 장기화에 따라 '23년 성장률 추가 하향 가능성**

② (그룹별 성장전망) 선진국 '22년 2.4%(△0.1%p), '23년 1.1%(△0.3%p)
　　　　　　　　　　신흥국 '22년 3.7%(+ 0.1%p), '23년 3.7%(△0.2%p)

ㅇ (선진국) 미국은 **2분기 연속 마이너스 성장**에 따라 **'22년 대폭 하향조정**, 유럽은 관광·제조업 회복 등으로 **'22년 일부 상향**되었으나, 러시아 가스공급 중단, 통화긴축 등으로 **'23년은 대폭 하향전망**

　　* '22년 성장률(%, %p) : (미) 1.6%(△0.7%p) (독) 1.5(+0.3) (프) 2.5(+0.2) (이) 3.2(+0.2)
　　　　(스페인) 4.3(+0.3) (영) 3.6(+0.4) (일) 1.7(-) (캐) 3.3(△0.1) (한)2.6(+0.3)

ㅇ (신흥국) 중국은 코로나 봉쇄정책, 부동산 경기침체 등으로 **일부 하향**, 인도는 예상보다 낮은 2분기 GDP, 대외수요 감소로 **대폭 하향**

　　※ (러) 원유 수출, 강력한 부양정책으로 상향, (라틴) 양호한 상품 가격, 코로나 일상 회복으로 상향 (중동) 원유 수출 호황으로 상향 (아프리카) 무역국 경기침체로 하향

　　* (러)△3.4(+2.6%p) (중) 3.2(△0.1) (인) 6.8(△0.6) (브라질) 2.8(+1.1) (사우디) 7.6(-)

자료: 기획재정부

(단위 : %, %p)

	'21년	'22년			'23년		
		'22.7월 (A)	'22.10월 (B)	조정폭 (B-A)	'22.7월 (C)	'22.10월 (D)	조정폭 (D-C)
세 계	6.1	3.2	3.2	-	2.9	2.7	△0.2
선진국	5.2	2.5	2.4	△0.1	1.4	1.1	△0.3
미국	5.7	2.3	1.6	△0.7	1.0	1.0	-
유로존	5.4	2.6	3.1	0.5	1.2	0.5	△0.7
독일	2.9	1.2	1.5	0.3	0.8	△0.3	△1.1
프랑스	6.8	2.3	2.5	0.2	1.0	0.7	△0.3
이탈리아	6.6	3.0	3.2	0.2	0.7	△0.2	△0.9
스페인	5.1	4.0	4.3	0.3	2.0	1.2	△0.8
일본	1.7	1.7	1.7	-	1.7	1.6	△0.1
영국	7.4	3.2	3.6	0.4	0.5	0.3	△0.2
캐나다	4.5	3.4	3.3	△0.1	1.8	1.5	△0.3
한국	4.1	2.3	2.6	0.3	2.1	2.0	△0.1
기타 선진국	5.1	2.9	2.8	△0.1	2.7	2.3	△0.4
신흥개도국	6.8	3.6	3.7	0.1	3.9	3.7	△0.2
중국	8.1	3.3	3.2	△0.1	4.6	4.4	△0.2
인도	8.7	7.4	6.8	△0.6	6.1	6.1	-
러시아	4.7	△6.0	△3.4	2.6	△3.5	△2.3	1.2
브라질	4.6	1.7	2.8	1.1	1.1	1.0	△0.1
멕시코	4.8	2.4	2.1	△0.3	1.2	1.2	-
사우디	3.2	7.6	7.6	-	3.7	3.7	-
남아공	4.9	2.3	2.1	△0.2	1.4	1.1	△0.3

자료: 기획재정부

앞서 주로 공적 기관의 경제전망을 보았습니다. 경제전망은 민간 경제연구소에서도 합니다. 우리나라 대기업과 금융 그룹은 독자적 연구소(연구원)을 보유하면서 그룹 안에 있는 각 기업들의 경영 활동을 지원합니다. 대기업 그룹에서는 삼성경제연구소, LG경영연구원, 현대경제연구원 등이 있습니다. 각 금융 그룹에도 연구소가 있습니다. KB경영연구소, 우리금융경영연구소, 하나금융경영연구소 등을 예로 들 수 있습니다. 또 증권사 리서치센터에서도 경제전망을 합니다.

각 연구원의 사이트에 들어가면 경제전망을 볼 수 있습니다. 이 책에서는 제가 소장으로 있었던 하나금융경영연구소의 경제전망을 소개하겠습니다. [표 3-11]은 2022년 10월 이 연구소가 했던 경제전망 요약표입니다. 여기에 보면 앞서 본 한국은행, KDI, IMF 전망과 차이를 발견할 수 있습니다. 이들이 전망하지 않았던 금리와 환율 전망이 있습니다. 다른 민간 경제연구소에서도 이처럼 금리와 환율 전망을 하게 됩니다. 전망치는 전망 시점에 따라 차이가 있습니다. 전망 시점에서 이들 변수가 높은 수준을 유지하면 다음 해 전망치가 높고, 낮으면 전망치도 낮아지는 경향이 있습니다. 보통 분기별로 경제전망을 하기 때문에 최근 전망치를 보아야 합니다.

표 3-11 ▶ 하나금융경영연구소의 경제전망 요약표

Executive Summary

ㅎ 하나은행 하나금융경영연구소

- 고물가·고금리의 부정적인 영향 속에 경제심리 위축, 대외여건 악화 등으로 성장률 1%대 후반으로 둔화
- 대내외 통화긴축 속도 조절 기대에도 불구 인플레 향방, 세계 경기침체 우려 등에 따른 금융 변동성 우려

	2021년	2022년			2023년		
	(연간)	(상반기)	(하반기)	(연간)	(상반기)	(하반기)	(연간)
GDP(%)	4.1	3.0	2.3	2.6	1.4	2.2	1.8
민간소비(%)	3.7	4.1	4.0	4.1	2.7	1.8	2.2
건설투자(%)	-1.6	-4.5	1.1	-1.6	2.4	0.6	1.4
설비투자(%)	9.0	-6.4	-2.1	-4.3	2.0	-2.5	-0.2
경상수지(억달러)	883	248	62	310	98	202	300
통관수출(%)	25.7	15.6	2.2	8.5	-3.3	2.0	-0.6
통관수입(%)	31.5	26.2	13.5	19.4	-5.6	-5.4	-5.5
소비자물가(%)	2.5	4.6	5.9	5.3	4.5	2.5	3.5
국고 3년 금리(%)	1.39	2.69	3.78	3.23	4.08	3.88	3.98
원/달러 환율(원)	1,145	1,233	1,388	1,310	1,400	1,340	1,370

3

Professional Consultant of Financial Business

자료: 하나금융경영연구소

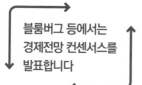

블룸버그 등에서는 경제전망 컨센서스를 발표합니다

앞서 공적 및 민간 연구원(연구소)의 경제전망을 보았습니다. 이런 전망은 반기 혹은 분기별로 나오기 때문에 속보성이 떨어질 수 있습니다. 그리고 각 연구원에 따라 전망치에 차이가 있습니다.

미국의 경제 미디어, 데이터, 소프트웨어 기업인 블룸버그에서는 매월 경제전망 컨센서스를 발표합니다. 블룸버그에서는 경제선문가(이코노미스트)들에게 각 경제지표의 전망치를 묻고 중간값을

표 3-12 ▶ 한국의 주요 경제지표 전망

(단위: %)

	2019년	2020년	2021년	2022년	2023년	2024년
GDP 성장률	2.2	-0.7	4.1	2.6	1.5	2.3
소비자물가	1.4	0.5	2.5	5.1	3.3	1.9
실업률	3.8	4.0	3.7	2.9	3.4	3.5
경상수지/경상GDP	3.6	4.0	4.9	1.4	2.0	2.8
재정수지/경상GDP	0.9	-3.2	-2.9	-2.6	-0.7	-0.6
기준금리(말)	1.25	0.50	1.00	3.25	3.25	2.40
국채(10년, 말)	1.67	1.72	2.26	3.74	3.65	3.22
원/달러(말)	1156.0	1087.0	1190.0	1265.0	1225.0	1190.0

자료: Bloomberg(2023.2.1.)

제시합니다. [표 3-12]는 2023년 2월 블룸버그가 제시한 한국의 주요 경제지표 전망 컨센서스입니다. 2023년 한국 경제성장률 전망치가 1.5%로 나와 있습니다. 블룸버그가 세 전문가에게 2023년 경제성장률 전망치를 물었을 때, 한 전문가는 2.0%, 다른 전문가는 1.5%, 또 다른 전문가는 1.0%로 대답했을 수 있습니다. 여기서 중간값은 1.5%이고, 이를 제시한 것입니다. 블룸버그는 경제성장률뿐만 아니라 금리, 환율 등 다양한 경제지표 전망치를 매월 보여줍니다.

여기서 제가 연간 전망치를 제시했습니다만, 블룸버그는 분기별 전망치를 매월 보여줍니다. 이를 보면 가장 최근의 전망치를 알 수 있습니다. 그런데 하나 아쉬운 것은 블룸버그가 유료 사이트라는 사실입니다. 각 증권사 리서치센터에서 가끔 이 데이터를 발표합니다.

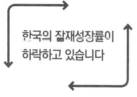

한국의 잠재성장률이 하락하고 있습니다

앞서 여러 기관 혹은 단체의 경제전망치를 보여드렸습니다. 공통적 특징은 2023년 경제성장률이 1%대 중후반이고, 2024년 경제성장률도 2%에서 크게 벗어나지 않는다는 것입니다. 그만큼 우리 경제성장률이 낮아지고 있습니다.

우선 경제성장률이 얼마나 빨리 낮아지고 있는가를 보기 위해서 제가 우리나라 역대 대통령 재직기간 중 연평균 경제성장률을 구해보았습니다. 다음 [그림 3-3]에서 볼 수 있는 것처럼 대통령이 바뀔 때마다 경제성장률 계단이 한 단계씩 내려왔습니다. 물론 경제 규모가 커질수록 경제성장률이 낮아질 수밖에 없습니다만, 그 속도가 너무 빠릅니다.

그만큼 우리나라 잠재성장률이 낮아지고 있습니다. 잠재성장률이란 노동, 자본, 총요소생산성을 고려했을 때, 한 나라 경제가 성장할 수 있는 능력입니다. 1970년대와 1980년대는 우리나라 잠재성장률이 10% 정도였습니다. 그러나 1997년 외환위기 이후로 5%

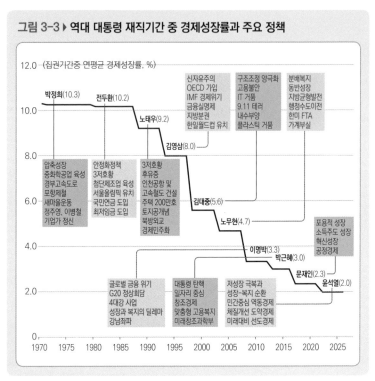

그림 3-3 ▶ 역대 대통령 재직기간 중 경제성장률과 주요 정책

주: 전두환의 경우 1980년은 제외, 윤석열은 전망치
자료: 한국은행, 김동호(대통령 경제사, 2019), 김영익금융경제연구소

정도로 낮아졌습니다. 2020년 이후로는 잠재성장률이 2% 안팎으로 떨어진 것으로 추정됩니다. 주로 노동이 감소하고 있기 때문입니다. 보통 일할 수 있는 인구를 15~64세 인구라 하는데, 이 인구가 2019년 3,763만 명을 정점으로 하락 추세로 접어들었습니다.

통계청의 인구추계에 따르면 2022년에는 3,668만 명으로 95만

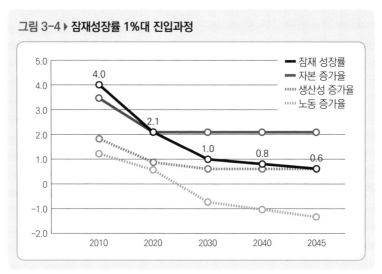

그림 3-4 ▶ 잠재성장률 1%대 진입과정

주: 중립적 시나리오　　　　　　　　　　　　　　　자료: 한국금융연구원(2021.7)

명 정도 줄었습니다. 우리 기업이 자본스톡*을 이미 많이 축적했기 때문에 투자도 크게 늘지 않을 것입니다. 우리 잠재성장률이 올라가려면 총요소생산성이 향상되어야 하는데, 이 역시 하루아침에 개선되는 것은 아닙니다. 한국금융연구원은 우리 잠재성장률이 2030년에 1.0%, 2040년에 0.8%로 낮아질 것으로 전망하고 있습니다.

잠재성장률이 낮아지면서 경제주체 간의 차별화가 더 심화할 수

....

* 기업경영중 형성된 자본의 총량으로 일정시점(저량)의 금액이다 자본을 지칭하는 용어이긴 하지만 자본금이 기업을 시작할 때의 종잣돈이라면 자본스톡은 자본잉여금, 이익잉여금 등 그간 모아진 자본의 총계의 의미한다.

있습니다. 경제가 10% 안팎 성장할 때는 경제 규모가 빨리 커졌기 때문에 기업들이 같이 성장할 수 있었습니다. 그러나 경제성장률이 낮아지면서 경제 규모 확장 속도도 줄고 있습니다. 경쟁력이 있는 기업은 더 성장할 수 있지만, 경쟁력이 없는 기업은 시장에서 퇴출될 수 있습니다. 잠재성장률 제고와 차별화 해소가 우리 경제의 과제입니다.

GDP 갭률이란 실제와 잠재 GDP의 % 차이입니다

앞서 우리 잠재성장률이 현재 2% 안팎일 것이라고 했습니다. 그것은 우리 GDP 수준이 매년 2%씩 늘어날 수 있다는 의미입니다.

[그림 3-5]는 제가 추정한 우리나라 잠재 GDP 수준입니다. 기간이 지날수록 매년 GDP가 2% 증가합니다. 그러나 실제 GDP는 수요 측면에서 GDP를 결정하는 소비, 투자, 정부지출, 수출입에 따라 잠재 GDP 위에 혹은 아래에 있을 수 있습니다. 실제와 잠재 GDP의 % 차이를 GDP 갭률이라 합니다. (경제학 교과서에서는 아웃풋 갭(output gap)이라는 용어로 쓰고 있습니다.) GDP 성장률의 차이가 아니라는 것입니다. 예를 들면 2021년 3분기 우리 GDP 성장률은 전년동기대비 4.0%였습니다. 이 수치를 보고 우리 경제가 잠재

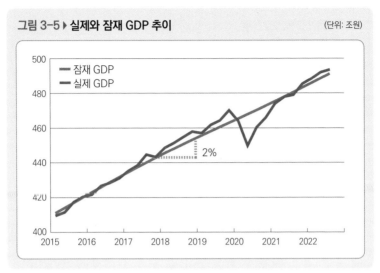

그림 3-5 ▶ 실제와 잠재 GDP 추이 (단위: 조원)

주: 잠재 GDP는 저자 추정   자료: 한국은행

성장 능력(2%) 이상으로 성장했다고 할 수 있습니다. 그러나 당시 실제 GDP 수준은 잠재 GDP보다 0.3% 낮았습니다. 실제로는 능력 이하로 성장한 것입니다. 실제 GDP가 낮은 수준에서 올라올 때는 일시적으로 성장률이 높게 나올 수 있다는 사실을 알아야 합니다.

실제 GDP가 잠재 수준 위에 있을 때 GDP 갭률이 플러스이고, 이때는 일시적으로 수요(실제 GDP)가 공급능력(잠재 GDP)를 초과한 상태이기 때문에 물가 상승압력(Inflationary gap)이 나타납니다. 그 반대로 실제 GDP가 잠재 GDP 아래에 있을 때는 수요가 부족한 상태로, 이때는 물가 하락압력(deflationary gap)이 높습니다.

코스피는 장기적으로
명목 GDP 이상으로
상승합니다

주가와 GDP의 관계를 보면서 3장을 마무리하겠습니다. 코스피는 장기적으로 명목 GDP 이상으로 상승했습니다. 2000~2022년의 23년간 명목 GDP는 연평균 5.8% 성장했습니다. 같은 기간 코스피의 연평균 상승률은 6.9%로 명목 GDP 성장률보다 1% 포인트 높았습니다.

[그림 3-6]은 코스피를 명목 GDP로 회귀분석하여 코스피 적정 수준을 추정해본 것입니다. 코스피는 명목 GDP를 때로는 과대평가하고 때로는 과소평가합니다. 2020년과 2021년에는 코스피가 과평가 영역에 있었습니다. 2장에서 살펴본 것처럼 선행지수 순환변동치가 2021년 6월 정점으로 꺾였습니다. 다음 장에서 보겠습니다만, 일평균 수출금액에 비해서도 코스피가 당시 30% 이상 과대평가되었습니다. 그래서 제가 2021년 하반기부터 2022년까지는 주가가 떨어질 수 있다는 주장을 펼쳤습니다.

그러나 2022년 말 기준으로 보면 주가는 이제 저평가 영역에 있습니다. 특히 명목 GDP로 추정한 적정 코스피는 2960 정도입니다. 실제 코스피가 2236이었으니 24%나 저평가된 셈입니다. 그래서 그 이후로는 저는 주가가 오를 것이라는 주장을 하고 있습니다. 중장기적으로 코스피는 명목 GDP 이상으로 상승하기 때문입니다.

앞서 우리나라 실질 GDP 기준으로 잠재성장률이 2% 안팎으로

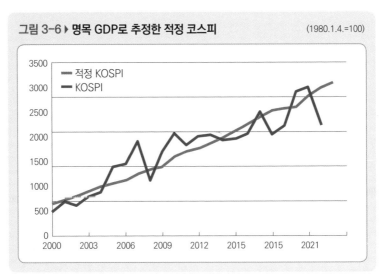

그림 3-6 ▶ 명목 GDP로 추정한 적정 코스피　　　　　(1980.1.4.=100)

주: KOSPI를 명목 GDP로 회귀분석하여 추정, 2022~2023년은 추정 및 전망치
자료: 한국은행, 한국거래소

떨어졌다고 했습니다만, 물가상승률 1%를 고려하면 잠재 명목 GDP 성장률은 3% 정도입니다. 이에 따라 코스피의 기대수익률은 4~5%로 낮아지겠지만, 장기적으로는 상승할 것이라는 이야기입니다.

제2부

경기순환과 실제 응용

수출입과
국제수지

4장

#수출입 #국제수지 #직접투자 #증권투자 #경상수지

앞장에서 수출이 GDP의 44%(2021년 기준)를 차지한다고 말했습니다. 비중이 그만큼 높기에 수출은 우리 경제성장률에 가장 큰 영향을 줍니다. 이번 4장에서는 우선 수출입 통계를 살펴보겠습니다. 그리고 경상수지를 포함한 국제수지 통계를 살펴보면서 우리 경제의 대외 건전성을 고찰해보겠습니다.

세계에서
제일 빨리 발표하는
한국 수출입 통계

매월 1일 산업통상자원부에서는 전월의 수출입동향을 발표합니다. 이처럼 빨리 수출입 통계를 발표하는 나라는 없습니다. 우리나라 정보통신 시스템이 그만큼 잘 되어있다는 증거일 것입니다. 그리고 매월 1일이 토요일 혹은 일요일이나 휴일이더라도 산업통상자원부는 수출입동향을 발표합니다.

수출은 우리 경제와 금융시장에 큰 영향을 주고 나아가서는 세계경제 흐름마저 짐작해볼 수 있는 단서를 줍니다. 그래서 수출입 통계가 발표되는 날에는 저와 같은 이코노미스트(경제분석가)는 긴장할 수밖에 없습니다.

매월 1일 산업통상자원부의 홈페이지 보도자료에 들어가면 지난달 수출입동향을 알려주는 보도자료가 올라와 있습니다. 아래 그림은 2023년 1월 1일(휴일입니다) 발표된 2022년 12월 수출입동향 보도자료입니다. 12월이라 연간 동향도 포함되어 있습니다.

자료: 산업통상자원부

첨부파일을 클릭하면 2022년 12월 수출입동향을 볼 수 있습니다. 개요에서는 12월 수출입동향과 무역수지 요약을 볼 수 있습니다. 그뿐만 아니라 품목별 지역별 수출동향도 나와 있습니다. 개요의 마지막 부분에는 수출입의 주요 특징과 정책 대응이 제시되어 있습니다. 아래는 개요의 첫 페이지만 예시한 것입니다.

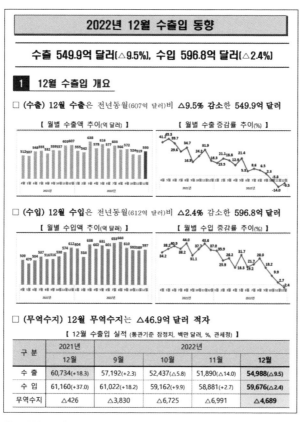

자료: 산업통상자원부

2022년 10월부터 수출이 전년동월대비 감소하고 있습니다. 참고로 우리 정부에서는 감소 즉 마이너스(-)를 '△'로 표시하고 있습니다. 외국인들이 이를 보면 뭐라 해석할지 궁금합니다. 수입은 상대적으로 수출보다 더 많이 증가하면서 무역수지 적자가 큰 폭으로 확대하고 있습니다. 연간으로 보면 2022년 무역수지 적자가 472억 달러로 사상 최고치를 기록했습니다. 그럼에도 경상수지는 흑자입니다. 그 이유는 나중에 국제수지 개념을 설명하면서 말하겠습니다.

수출통계에서 주요 업종 경기를 알 수 있습니다

다음은 산업통상자원부가 발표한 12월 주요 품목별 수출동향 요약 내용입니다. 자동차·석유제품 수출은 두 자릿수로 증가했으나, 반도체·석유화학·디스플레이·무선통신 등 수출은 글로벌 수요둔화 등 영향으로 감소했다고 합니다.

그러나 이것은 2022년 12월 한 달 수출 내용입니다. 이것만으로 주요 품목(업종)별 수출 추세를 알 수 없습니다. 신문에서는 주로 한 달 통계 내용만 보도되어서 아쉽습니다. 현 위치가 어디에 있는지를 보기 위해서는 10년 이상의 통계를 보아야 합니다.

□ **(품목)** 주요 품목 중 **자동차·석유제품·이차전지·선박** 수출 증가

  ㅇ **(증가 품목)** **자동차·석유제품** 수출은 **두 자릿수 증가**

  ㅇ **(감소 품목)** **반도체·석유화학·디스플레이·무선통신** 등 수출은 글로벌 수요둔화 등 영향으로 **감소**

【 12월 15대 주요 품목별 수출액(억 달러) 및 증감률(%) 】

구 분	반도체	석유화학	일반기계	자동차	철 강	석유제품	디스플레이	차부품
수출액	90.6	36.4	46.0	54.3	28.5	47.4	13.8	19.9
증감률	△29.1	△23.8	△3.4	+28.3	△20.9	+22.7	△35.9	△6.3
구 분	바이오헬스	무선통신	컴퓨터	섬 유	선 박	가 전	이차전지	합 계
수출액	12.6	12.1	10.5	10.5	25.0	5.8	9.6	549.9
증감률	△33.5	△33.1	△34.6	△16.3	+76.1	△24.4	+29.7	△9.5

자료: 산업통상자원부

[표 4-1]은 2000년 이후 주요 품목의 수출입니다. (중간 연도를 생략했습니다.) 2022년 전체 수출은 6.1% 증가했습니다. 그러나 반도체 수출이 1.7% 증가한 데 그쳤습니다. 컴퓨터(-4.7%)나 무선통신기기(10.4%) 수출은 비교적 큰 폭으로 감소했습니다. 자동차 수출 증가률은 16.4%로 전체 수출 증가율을 크게 웃돌았습니다.

우리 수출만 보면 전 세계 주요 업종 경기를 알 수 있습니다. 우리가 거의 모든 나라로 수출하고 있기 때문입니다.

표 4-1 ▶ 주요 품목별 수출동향

(억달러, %)

	2000년	2010년	2015년	2020년	2021년	2022년
총수출	1722.7	4663.8	5267.6	5125.5	6444.4	6839.5
증가율	19.9	28.3	−8.0	−5.5	25.7	6.1
반도체	260.1	507.1	629.2	991.8	1279.8	1269.5
증가율	38.0	63.4	0.4	5.6	29.0	1.7
비중	15.1	10.9	11.9	19.4	19.9	18.6
컴퓨터	146.9	91.2	77.5	134.3	168.2	159.6
증가율	40.7	13.8	0.4	57.2	25.2	−4.7
비중	8.5	2.0	1.5	2.6	2.6	2.3
무선통신기기	78.8	276.2	325.9	131.8	161.9	156.7
증가율	51.2	−10.9	10.2	−6.4	22.8	−10.7
비중	4.6	5.9	6.2	2.6	2.5	2.3
석유화학	96.7	357.2	377.9	355.9	550.9	542.9
증가율	33.4	30.0	−21.6	−16.4	54.8	−1.5
비중	5.6	7.7	7.2	6.9	8.5	7.9
자동차	132.2	354.1	457.9	374.0	464.7	541.0
증가율	18.3	39.4	−6.9	−13.1	24.2	16.4
비중	7.7	7.6	8.7	7.3	7.2	7.9
선박	79.5	491.1	401.1	197.5	229.9	182.0
증가율	13.5	8.8	0.6	−2.0	16.4	−20.8
비중	4.6	10.5	7.6	3.9	3.6	2.7
철강제품	72.7	288.8	302.0	365.6	363.7	384.6
증가율	1.6	25.4	−15.0	−14.5	36.9	5.7
비중	4.2	6.2	5.7	7.1	5.6	5.6
섬유류	187.8	139.0	143.0	112.4	128.1	123.1
증가율	7.8	19.5	−10.2	−13.3	14.0	−3.9
비중	10.9	3.0	2.7	2.2	2.0	1.8

자료: 산업통상자원부

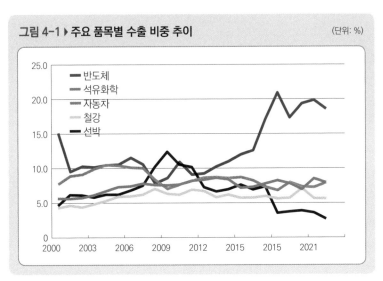

그림 4-1 ▶ 주요 품목별 수출 비중 추이　　　(단위: %)

자료: 산업통상자원부

[그림 4-1]은 연도 생략 없이 2000~2022년 우리나라 주요 품목별 수출 비중을 그려놓은 것입니다. 우리나라 수출 가운데 반도체 비중이 크게 늘었습니다. 2010년 반도체 비중이 2010년에 10.9%였으니 2018년에는 20.9%로 처음으로 단일 품목 비중이 20%를 넘었습니다. 그만큼 우리나라가 반도체 분야에서 세계적 경쟁력을 가지고 있다는 것입니다.

상대적으로 수출 비중이 가장 많이 줄어든 업종은 선박입니다. 2000년 선박이 수출에서 차지하는 비중이 4.6%에서 2009년에는 12.4%까지 증가했습니다. 그러나 그 이후 감소세를 지속했고,

2022년에는 2.7%까지 추락했습니다. 저가 선박 부문에서는 우리가 경쟁력을 잃어가고 있는 것으로 보입니다.

자동차 비중은 2022년 7.9%로 2021년(7.2%)보다 소폭 증가했으나, 2004년 10.5%를 정점으로 하락 추세에 있습니다. 석유화학이나 철강 등에서는 큰 변화가 없습니다.

국가별 수출통계에서 세계 경제 흐름을 알 수 있습니다

[표 4-2]는 산업통상자원부가 발표한 12월 9대 주요 지역 수출동향 요약 내용입니다. 미국과 유럽연합(EU)으로 수출은 증가했으나, 중국·아세안·일본 등으로의 수출은 감소했습니다.

그러나 역시 장기 추세를 보아야 합니다. 주요 지역(국가)별 수출동향을 보면 2022년 대미 수출 증가율이 14.5%로 전체 수출 증가율(6.1%)을 2배 이상 넘어섰습니다. 그만큼 2022년 미국 경제가 좋았다는 의미입니다. 이에 따라 우리나라 수출에서 차지하는 미국 비중이 2021년 14.9%에서 2022년에는 16.1%로 증가했습니다. 2022년에 아세안(14.8%)이나 중동(12.3%) 지역으로 수출도 전체 수출 증가율을 웃돌았습니다.

그러나 2022년 중국으로 수출은 4.4%나 감소했습니다. 코로나 19에 대한 엄격한 통제로 중국의 소비가 줄었기 때문이었습니다. 중국 수출 비중도 2021년 25.3%에서 2022년에 22.8%로 줄었습니다.

표 4-2 ▶ 주요 지역(국가)별 수출동향

(억달러, %)

	2000년	2010년	2015년	2020년	2021년	2022년
총수출	1722.7	4663.8	5267.6	5125.0	6444.4	6839.5
증가율	19.9	28.3	−8.0	−5.5	25.7	6.0
중국	**184.5**	**1168.4**	**1371.2**	**1325.7**	**1629.1**	**1558.1**
수출증가율	**34.9**	**34.8**	**−5.6**	**−2.7**	**22.9**	**−4.4**
비중	**10.7**	**25.1**	**26.0**	**25.9**	**25.3**	**22.8**
미국	376.1	498.2	698.3	741.2	959.0	1098.2
수출증가율	27.6	32.3	−0.6	1.1	29.4	14.5
비중	21.8	10.7	13.3	14.5	14.9	16.1
EU	234.2	535.1	480.8	475.1	636.1	681.3
수출증가율	15.7	14.8	−7.8	0.6	33.9	7.1
비중	13.6	11.5	9.1	9.3	9.9	10.0
ASEAN	**201.3**	**532.0**	**748.2**	**890.2**	**1088.3**	**1249.5**
수출증가율	**13.7**	**29.8**	**−11.5**	**−6.4**	**2.3**	**14.8**
비중	**11.7**	**11.4**	**14.2**	**17.4**	**16.9**	**18.3**
일본	204.7	281.8	255.8	251.0	300.6	306.3
수출증가율	29.0	29.4	−20.5	−11.7	22.3	1.9
비중	11.9	6.0	4.9	4.9	407.0	4.5
중동	75.9	283.7	304.1	146.8	156.0	175.1
수출증가율	18.6	18.0	−12.6	−16.9	6.3	12.3
비중	4.4	6.1	5.8	2.9	2.4	2.6
중남미	93.7	361.3	306.8	195.0	258.2	266.0
수출증가율	8.4	35.2	−14.5	−26.0	32.4	3.0
비중	5.4	7.7	5.8	3.8	4.0	3.9

주: EU의 경우 2020년 이후는 27개국 기준　　　　　　　　　　　　　　자료: 산업통상자원부

이제 우리나라의 지역(국가)별 장기 수출 비중을 보겠습니다. [그림 4-2]에서 보는 것처럼 중국 비중이 크게 늘었습니다. 2000년 10.7%였던 중국 비중이 2018년에는 26.8%까지 증가했습니다. 그러나 그 이후 감소로 전환되면서 2022년에는 22.8%까지 하락했습니다. 그러나 여전히 중국은 우리 수출에서 가장 높은 비중을 차지하고 있습니다.

미국 비중은 2000년 21.8%에서 2011년에는 10.1%로 거의 절반으로 떨어졌습니다. 그 이후 서서히 증가세로 돌아섰고, 2022년에는 16.1%로 2004년(16.9%) 수준에 접근했습니다.

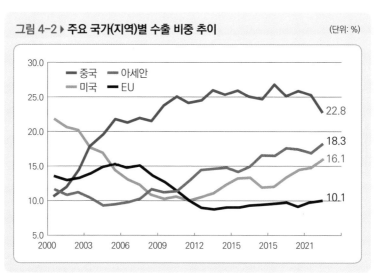

그림 4-2 ▶ 주요 국가(지역)별 수출 비중 추이 (단위: %)

자료: 산업통상자원부

EU 비중은 장기적으로 하락 추세에 있습니다. 그 대신 우리 수출 비중이 꾸준히 늘어나는 지역은 아세안입니다. 아세안 비중이 2010년 11.4%에서 2022년에는 18.3%까지 증가했습니다. 아세안 수출 비중이 미국이나 EU보다 높은 것입니다. 그만큼 아세안 경제가 높은 성장을 하고 있다는 의미입니다.

저는 우리나라 수출 비중을 보면서 세계 경제 흐름을 판단합니다. 장기적으로 미국과 EU 등 선진국으로 수출 비중은 줄었고, 중국과 아세안 비중은 늘었습니다. 세계 경제의 성장축이 아시아 지역으로 변하고 있다는 의미입니다.

단기적으로도 매월 발표되는 우리나라 수출 통계를 보면서 주요 국가(지역)의 경기를 판단합니다. 우리 수출이 세계에서 제일 빨리 발표되는 실물 관련 통계이기 때문입니다.

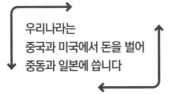

우리나라는
중국과 미국에서 돈을 벌어
중동과 일본에 씁니다

산업통상자원부의 수출입동향 보도자료를 보면 주요 품목이나 국가별 수출뿐만 아니라 무역수지도 발표됩니다. [표 4-3]은 2023년 1월에 발표된 수출입동향 보도자료에서 인용한 것입니다.

우리나라는 중국, 아세안, 미국과의 교역에서 무역수지가 흑자입

표 4-3 ▶ 주요 국가별 무역수지

(억 달러)

지역	2021년 전체	2022년												
		1월	2월	3월	4월	5월	6월	7월	8월	9월	10월	11월	12월	연간
중국	242.8	2.0	26.4	30.2	6.2	△10.9	△12.0	△6.1	△3.6	6.6	△12.6	△7.6	△6.1	12.5
미국	226.9	14.7	17.8	26.4	30.0	24.2	30.0	34.2	9.8	25.9	19.1	22.6	25.6	280.4
일본	△245.8	△18.4	△22.3	△25.6	△22.5	△14.3	△18.8	△20.5	△19.1	△18.5	△20.3	△20.0	△20.5	△240.7
ASEAN	411.2	31.0	37.8	46.0	44.9	40.9	42.1	43.9	30.5	26.7	25.9	28.8	25.5	424.0
EU(27)	△23.2	3.9	3.2	3.7	0.6	△0.15	△3.7	6.1	△4.5	1.3	0.7	△6.2	△4.5	0.3
중동	△495.9	△66.2	△59.2	△70.3	△81.3	△73.6	△69.6	△100.0	△99.0	△79.9	△71.8	△74.0	△73.8	△918.7
중남미	△26.2	△4.9	△1.1	△2.6	△2.8	△0.7	△1.7	12.0	△5.8	7.5	9.5	6.8	6.1	61.6
CIS	△66.0	△11.0	△8.5	△16.8	△17.6	△8.0	△8.2	△2.8	△5.7	△1.8	△2.9	△3.0	△6.1	△92.3
베트남	327.6	30.0	31.6	35.0	30.7	27.8	28.6	30.0	19.6	24.8	28.5	27.0	28.9	342.6
인도	75.5	7.7	6.2	5.3	6.5	6.2	5.7	15.1	9.5	10.4	8.8	8.5	9.9	99.8

자료: 산업통상자원부

니다. 2022년 기준으로 보면 아세안에서 무역수지 흑자가 424억 달러로 가장 높고, 그 다음에 미국(280억 달러), 중국(13억 달러) 순서로 흑자가 많습니다. (곧 살펴보겠습니다만, 장기적으로 중국 비중이 절대적으로 높습니다.)

반면에 중동과 일본과의 교역에서는 계속 적자를 기록하고 있습니다. 2022년 중동과의 교역에서 919억 달러 무역적자를 냈습니다. 사우디아라비아 한 나라에서만 361억 달러 적자를 기록했습니다. 유가가 크게 상승했기 때문입니다. 2022년에 우리나라가 원유를 10억 3,170만 배럴 도입했는데, 원유 도입단가가 배럴당 102.6달러로 2021년(69.8달러)보다 큰 폭으로 상승했습니다.

우리나라에서 원유가 생산되지 않기 때문에 중동과의 교역에서는 무역 적자를 기록할 수밖에 없는 상황입니다. 문제는 일본에서 적자입니다. 2022년 일본과의 교역에서 241억 달러 적자를 냈습니다. 매년 200억 달러 안팎의 적자를 기록하고 있는 상황입니다. 그만큼 핵심 소재는 일본에서 수입해야 하는 상황입니다. 제가 1984년 무렵에 한 경제단체와 정부 프로젝트를 수행했었는데, 주제가 어떻게 하면 대일 무역적자를 개선할 수 있는가였습니다. 각 산업에서 소재 업종을 육성해야 한다는 것이 그 프로젝트의 결론이었는데, 그때나 지금이나 대일 무역 적저는 여전합니다.

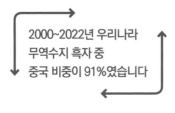

2000~2022년 우리나라 무역수지 흑자 중 중국 비중이 91%였습니다

2022년 우리나라 무역수지 가운데 중국 흑자 폭이 크게 줄었습니다. 대신 베트남이 335억 달러로 무역

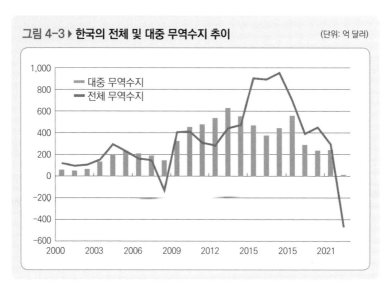

그림 4-3 ▶ 한국의 전체 및 대중 무역수지 추이   (단위: 억 달러)

자료: 산업통상자원부

수지 흑자 1위국으로 등장했습니다. 그러나 장기적으로 보면 중국이 단연 우리나라 무역수지 흑자 기록에 단연 1위입니다.

[그림 4-3]은 2000~2022년의 통관기준을 우리나라 전체와 대중 무역수지 추이를 그려놓은 것입니다. 이 기간 우리나라 누적 무역수지 흑자가 7,587억 달러입니다. 이 가운데 대중 무역수지 흑자가 6,873억 달러로 91%를 차지하고 있습니다. 특히 2005년에서 2014년(2009년 제외)까지는 대중 무역수지 흑자가 전체 무역수지 흑자를 웃돌 정도였습니다.

코로나19 영향으로 2022년에 대중 무역수지 흑자가 대폭 줄었습니다. 이것이 앞으로의 추세를 나타내는 것인지는 더 지켜보아야 합니다. 그러나 여전히 중국은 우리의 가장 큰 수출시장입니다.

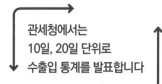

앞에서 월별 수출입 통계를 보았습니다. 관세청에서는 매월 10, 20일 수출통계를 발표해서 가장 최근 수출동향을 알려줍니다. 관세청의 홈페이지에서 보도자료를 보면 이래와 같은 화면이 있습니다.

여기에는 2023년 1월 1~10일까지 수출입 통계가 나와 있습니다. 매월 11일 발표합니다. 보도자료를 열면 월별 통계에서 보았던 것처럼 주요 품목 및 국가별 수출입 동향을 자세하게 볼 수 있습니다. 매월 21일에는 1~20일까지 수출입 통계를 발표합니다. 10, 20일 단위로 수출입 통계를 발표하는 나라는 제가 알기로는 우리나라뿐입니다.

관세청

정보공개 | 관세행정 | 알림소식 | 국민참여 | 관세청소개

알림소식

보도자료

▶ 알림소식 > 공지사항 > 보도자료

'23년 1월 1일 ~ 1월 10일 수출입 현황

| 작성자 | 김준섭 | 등록일 | 2023.01.11 |
| 구분 | 정보데이터 | | |

1. 총 괄

○ (1.1. ~ 1.10.) 수출 139억 달러, 수입 201억 달러로 전년 동기 대비 수출 △0.9%(1.1억 달러↓)감소, 누입 6.3%(12.0억 달러↑)증가

1월(1일~10일) 수출입실적(통관기준 잠정치)

(단위: 백만 달러, %)

구분	2022년		2023년		
	당월 (1.1~1.10)	연간누계 (1.1~1.10)	전월 (12.1~12.10)	당월 (1.1~1.10)	연간누계 (1.1~1.10)
수출	13,982 (24.7)	13,982 (24.7)	15,318 (△21.3)	13,862 (△0.9)	13,862 (△0.9)
수입	18,936 (57.4)	18,936 (57.4)	20,302 (△7.5)	20,134 (6.3)	20,134 (6.3)
무역수지	-4,954	-4,954	-4,984	-6,272	-6,272

※ 조업일수[(22)65일, (23)75일)] 고려 시일평균수출액(22.1)215, (23.1)185억 달러] △14.1% 감소

자료: 관세청

코스피와 상관계수가 가장 높은 경제변수가 일평균 수출액입니다

우리 GDP에서 수출이 40% 이상을 차지하고 있기에 수출은 경제성장에 큰 영향을 미칩니다. 코스피(KOSPI)와 상관관계가 제일 높은 경제 변수가 수출일 정도로 수출은 주식시장에

그림 4-4 ▶ 일평균 수출금액과 코스피

(1980.1.1.=100)   (억 달러)

■ KOSPI(좌)
■ 일평균 수출(우)

KOSPI 2개월 선행, 상관계수 0.86

자료: 산업통상자원부, 한국거래소

서도 매주 중요합니다.

2005년 1월에서 2022년 12월 데이터로 분석해보면, 일평균 수출
금액과 코스피의 상관계수는 0.86으로 1에 근접하고 있습니다. 두
변수가 거의 같은 방향으로 움직여 왔다는 의미입니다. 시차관계를
분석해보면 코스피가 2개월 정도 선행하고, 인과관계 분석(원인과
결과 분석)에 따르면 코스피가 일방적으로 일평균 수출금액을 설명
하고 있습니다. 주가를 보면 수출을 알 수 있다는 것입니다.

코스피가 선행하지만 일평균 수출금액을 통해 코스피의 적정 수
준은 추정해볼 수 있습니다. [그림 4-5]는 코스피를 2개월 후의 일

평균 수출금액으로 회귀분석하여 잔차를 구해본 것입니다. 잔차가 플러스(+)로 나오면 코스피가 일평균 수출금액을 과대평가한 것으로, 마이너스이면 과소평가한 것으로 해석해볼 수 있습니다. 이에 따르면 2021년 6월에는 코스피가 일평균 수출금액을 36%나 과대평가했습니다. 흔히 주식시장을 산책 나온 개와 주인에 비유하는데, 개(코스피)가 주인(일평균 수출금액)을 너무 앞선 간 것입니다.

코스피가 이렇게 과대평가되었던 때가 2007년 하반기 무렵이었습니다. 당시 금리가 하락하다 보니 예대마진(대출금리와 예금금리의 차이)이 축소될 것을 우려하면서, 우리나라 은행들이 대부분 주

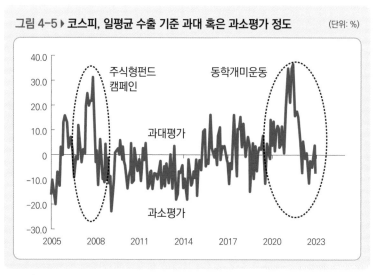

그림 4-5 ▶ 코스피, 일평균 수출 기준 과대 혹은 과소평가 정도   (단위: %)

주: 과대(과소) 평가 정도는 KOSPI를 일평균 수출금액으로 회귀분석하여 잔차를 구한 것임
자료: 산업통상자원부, 한국거래소

식형 펀드 캠페인을 했습니다. 2006년 말 47조 원이었던 주식형 수익증권이 2007년 말에는 116조 원, 2008월에는 144조 원까지 증가했습니다. 이처럼 은행은 주식형 수익증권을 모아주고, 그 돈으로 자산운용회사들이 주식을 사다 보니 코스피가 그렇게 과대평가되었던 것입니다. 그러나 2008년 8월 미국에서 시작한 금융위기가 우리나라까지 확산하면서 주가는 급락했고, 코스피는 과소평가 영역에 접어들었습니다.

2021년에 '동학개미운동'이라는 말이 나올 정도로 많은 사람들이 주식시장에 참여했습니다. 각종 주식 관련 유튜브가 여기에 크게 기여했던 것으로 추정됩니다.

저는 개가 주인과 보조를 맞추기 위해서 서서히 걷거나 뒷걸음을 할 수밖에 없는 상황으로 보고 당시 코스피가 3300이 넘은 상황에서 2200까지 떨어질 수 있다는 견해를 냈었습니다. 실제 코스피는 2022년 9월에 2135까지 하락하기도 했습니다.

그러나 주가가 급락하면서 최근에는 코스피가 저평가 영역에 들어섰습니다. 개가 주인 뒤로 간 셈입니다. 시간은 걸리겠지만 나중에는 개가 다시 주인보다 앞서서 갈 것입니다. 코스피가 저평가 영역에 있기에 멀리 내다보면서 금융자산 가운에 주식 비중을 서서히 늘려도 되는 시기가 다가오는 것 같습니다.

상품수지는
흑자입니다

2022년 통관기준 무역수지 적자(수출입 차이)가 472억 달러로 역사상 최대치를 기록했습니다. 그러나 한국은행 국제수지 통계(다음에 곧 보여드리겠습니다)에 따르면 같은 수출입의 차이인데, 상품수지는 2022년 1~11월 사이에 116억 달러 흑자를 기록했다고 나옵니다. 제가 이 책을 쓰고 있는 시기에 12월 통계는 아직 발표되지 않았습니다. 같은 기간에 통관기준 무역수지는 425억 달러 적자였습니다. 큰 차이가 납니다.

왜 이런 차이가 날까요? 작성 방법이 다르기 때문입니다. 수출입을 계상할 때 두 가지 방법이 있습니다. 하나는 '본선인도가격'(FOB, Free On Board)입니다. FOB란 무역상품을 적출항에서 매수자에게 인도할 때의 가격을 말합니다. 다른 하나는 '운임보험료 부담조건'(CIF, Cost Insurance and Freight)입니다. CIF는 수입업자가 상품의 원가격뿐만 아니라 화물 운임료와 보험료 일체를 부담할 것을 조건으로 한 무역 계약입니다. 일반적으로 통관통계 작성 때 수출은 본선인도가격(FOB)을, 수입은 운임 및 보험료 포함가격(CIF)을 기준으로 평가합니다. 반면에 한국은행의 국제수지 통계에서 수출입은 다 본선인도가격(FOB) 기준입니다. 통관통계의 수입에서 운임료와 보험료를 포함하기 때문에 국제수지 통계의 수입보다 수입금액이 더 크게 됩니다. 그래서 통관통계보다는 국제수지 통계에서 무역수지 더 크게 나오는 것입니다.

아래 그림으로 FOB와 CIF 차이를 좀 더 쉽게 설명해보겠습니다. 수출업자가 3,000달러의 원가인 상품을 300달러 이익을 보고 수출한다고 가정해봅니다. 우선은 공장에서 항구(공항)까지 이 상품을 운반해야 합니다. 이 비용이 100달러라고 해봅니다. 수출하기 위해서는 통관 비용(20달러)과 하역 비용(30달러) 필요합니다. 이를 전부 합한 3,450(= 3000 + 300 + 100 + 20 + 30)달러를 FOB가액이라 합니다.

통관통계는 CIF가액으로 작성합니다. 수입업자는 화물 운임과 보험료를 부담해야 합니다. 운임률이 5%라 가정하면 운임비용은 173달러(= 3450 × 0.05), 보험료율이 0.2%라면 보험료가 7달러(= 3450 × 0.002)입니다. 수입업자는 상품이 자기 나라 항구(또는 공항)에 도착하면 하역(30달러) 비용과 관세(20달러) 비용을 내야 합니다. 또 상품을 판매하는 지역까지 운송해야 하는데, 이때 비용이 100달러 든다고 가정하면 수입업자가 부담하는 총비용은 3,630달러가 듭니다. 이를 CIF가액이라 합니다. FOB가액보다 180달러가 더 든 셈입니다.

내용이 좀 복잡하지만 [그림 4-6]을 보면 차분히 보면 FOB가액과 CIF가액 차이를 이해할 수 있을 것입니다.

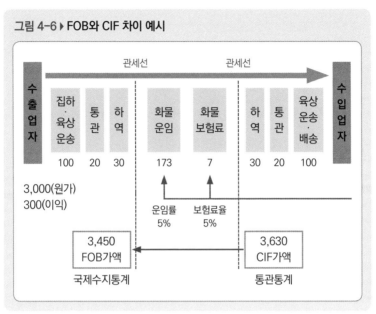

그림 4-6 ▶ FOB와 CIF 차이 예시

자료: 한국은행

국제수지 통계의 기본

앞서 통관기준 무역수지와 국제수지상의 상품수지를 비교하면서 국제수지를 설명 없이 언급했습니다. 이제 한국은행에서 매월 발표하는 국제수지를 알아보겠습니다.

국제수지(Balance of Payments; BOP)란 ①일정 기간 동안, ②거주자와 비거주자 간에 이루어진, ③모든 경제적 거래를, ④체계적으로 분류·정리하여 기록한 표입니다.

각각의 의미를 좀 더 자세하게 설명해보겠습니다.

①일정 기간의 의미입니다. 이는 어느 한 시점에서의 저량(stock) 통계가 아니라, 일정 기간에 발생한 거래를 집계한 유량(flow) 통계라는 것입니다. 우리가 경제통계를 볼 때, 저량인지 유량이지 구분할 필요가 있습니다. 2022년 11월 말에 우리나라 광의통화(M2)가 3,788조 원이었는데, 이를 저량이라 합니다. 11월 M2는 10월(3,753조 원)보다 35조 원 늘었습니다. 이를 유량이라 합니다. 앞서 살펴본 GDP나 수출도 매년(혹은 매분기, 매월) 단위로 계산하기 때문에 유량 통계입니다. 매월 흑자 혹은 적자 형태로 발표되는 국제수지도 역시 유량 통계입니다.

②거주자와 비거주자 분류는 경제활동에 있어 주된 경제적 이익의 중심을 기준으로 구분합니다. 한국인이 미국에서 한국 상품을 수입할 때, 미국 거주자로 분류된다는 의미입니다.

③모든 경제적 거래에는 거주자와 비거주자 간에 일어나는 상품, 서비스 등을 포함한 교환거래뿐만 아니라 대외 원조 등 대가 없이 이루어지는 이전거래도 포함합니다.

④체계적으로 분류·정리하여 기록한 표라 했는데, 이는 복식부기 원칙으로 국제수지매뉴얼(BPM; Balance of Payments Manual)에 따라 기록됩니다. 이에 대한 자세한 설명은 회계학의 기본 지식이 전제되기 때문에 생략하겠습니다.

국제수지는 크게 경상수지와 금융계정으로 분류합니다.

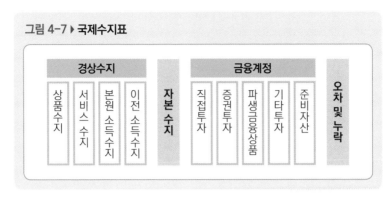

그림 4-7 ▶ 국제수지표

경상수지				자본수지	금융계정					오차 및 누락
상품수지	서비스수지	본원소득수지	이전소득수지		직접투자	증권투자	파생금융상품	기타투자	준비자산	

자료: 한국은행

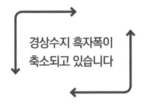

경상수지 흑자폭이
축소되고 있습니다

지금부터는 한국은행이 발표하고 있는 국제수지 통계를 직접 보면서 그 내용을 살펴보겠습니다. 한국은행은 매월 국제수지 통계를 발표합니다. 통계를 집계하는데 시간이 걸리므로 보통 2개월 후에 발표합니다. 첨부파일을 클릭하면 [표 4-4]와 같이 월

자료: 한국은행

표 4-4 ▶ 월별 경상수지

(억달러, %)

	2021r		2022p		
	12	연중	11r	12	연중
경상수지	**63.7**	852.3	−2.2	**26.8**	298.3
1. 상품수지	**44.3**	757.3	−10.0	**−4.8**	150.6
1.1 수출[1][2]	**621.4** **(18.3)**	6,494.8 (25.4)	527.4 (−11.2)	**556.7** **(−10.4)**	6,904.6 (6.3)
1.2 수입(FOB)[1][2]	**577.1** **(37.6)**	5,737.4 (31.2)	537.4 (0.5)	**561.5** **(−2.7)**	3,754.0 (17.7)
2. 서비스수지	**−7.6**	−52.9	−7.4	**−13.9**	−55.5
2.1 가공서비스	**−5.5**	−61.2	−5.0	**−5.5**	−60.5
2.2 운송	**12.5**	128.8	1.5	**1.7**	131.2
2.3 여행	**−7.4**	−70.3	−7.7	**−11.4**	−79.3
2.4 건설	**5.6**	42.7	4.9	**5.8**	52.5
2.5 지식재산권사용료	**1.4**	−30.5	−0.0	**−5.1**	−37.5
2.6 기타사업서비스[3]	**−18.4**	−95.7	−1.2	**5.4**	−75.9
3. 본원소득수지	**34.9**	194.4	16.6	**47.9**	228.8
3.1 급료 및 임금	**−0.7**	−6.7	−1.2	**−1.3**	−9.0
3.2 투자소득	**35.6**	201.2	17.8	**49.2**	237.8
(배당소득)	**27.8**	95.8	9.0	**44.9**	144.4
(이자소득)	**7.8**	105.4	8.8	**4.3**	93.4
4. 이전소득수지	**−8.0**	−46.6	−1.5	**−2.4**	−25.7

주: 1) 국제수지의 상품 수출입은 국제수지매뉴얼(NPM6)의 소유권 변동원칙에 따라 국내 및 해외에서 이루어진 거주자와 비거주자 간 모든 수출입거래를 계상하고 있어 국내에서 통관 신고된 물품을 대상으로 하는 통관기준 수출입과는 차이가 있음
   2) ( ) 내는 전년동기대비 증감률
   3) 연구개발서비스, 전문·경영컨설팅서비스, 건축·엔지니어링서비스 등으로 구성
자료: 한국은행

별 경상수지 동향이 나옵니다.

경상수지는 상품수지, 서비스수지, 본원소득수지, 이전소득수지로 구성됩니다. 상품수지는 앞서 살펴보았습니다만, 상품의 수출과 수입의 차이입니다. 수출입 모두 FOB가액으로 계산됩니다. 서비스수지는 외국과의 서비스거래로 발생한 수입과 지급의 차이입니다. 여기에는 가공서비스, 운송, 여행, 건설 수지가 포함됩니다. 본원소득수지는 거주자와 비거주자 사이에 발생하는 급료 및 임금과 투자소득 차이입니다. 배당과 이자소득 수지가 비교적 큰 폭의 흑자를 기록하고 있습니다. 이전소득수지에는 거주자와 비거주자 간에 대가 없이 이루어진 무상 원조, 증여성 송금 등이 포함됩니다.

우리나라의 경상수지 흑자 폭이 줄고 있습니다. 2022년 경상수지 흑자가 298억 달러로 2021년의 852달러보다 대폭 감소했습니다. 경상수지에 가장 중대한 영향을 주는 상품수지 흑자 폭이 757억 달러에서 151억 달러로 크게 줄었기 때문입니다. 서비스수지 특히 여행수지는 매년 적자를 기록하고 있습니다. 우리가 상품을 만들어 국외에 수출해서 돈을 벌고 그 돈의 일부로 해외여행을 가고 있는 것입니다.

대외 직접투자와
증권투자가
계속 늘고 있습니다

상품수지 흑자보다 경상수지 흑자가 더 많은 이유는 투자소득이 이자 및 배당 형태로 계속 들어오기 때문입니다. 이를 이해하기 위해서는 금융계정에 대한 이해도 필요합니다. 한국은행은 국제수지에 경상수지뿐만 아니라 [표 4-5]와 같이 금융계정 통계도 같이 발표합니다.

금융계정(Financial Account)이란 정부, 중앙은행, 금융기관, 민간기업 등 모든 거주자의 대외 금융자산 및 부채의 거래변동을 기록한 표입니다. 금융계정은 [표 4-5]에서 볼 수 있는 것처럼 직접투자, 증권투자, 파생금융상품, 기타투자 및 준비자산으로 구성됩니다. 거주자의 입장에서 자산 또는 부채를 판단합니다.

금융계정에 나온 수치를 설명해보겠습니다. 2022년 금융계정에 388억 달러로 표시되어 있는데, 이는 우리나라의 대외 금융자산이 부채보다 그만큼 증가했다는 의미입니다. 이러한 증가는 직접투자나 증권투자 형태로 나타나고 있습니다.

직접투자에는 투자자와 투자기업 사이의 주식, 수익재투자, 채무상품(대출, 차입 등) 거래가 포함되어 있습니다. 여기서 수익재투자는 기업의 배당되지 않은 순영업잉여 중 직접투자자의 몫을 의미합니다. 2022년 직접투자가 484억 달러였습니다. 이는 우리 기업이 대외 기업에 투자한 금액(664억 달러)과 외국 기업이 우리나라에

표 4-5 ▶ 월별 금융계정 및 자본수지

(억달러)

	2021r		2022p		
	12	연중	11r	12	연중
금융계정[1)]	**71.2**	**784.9**	**22.6**	**50.6**	**388.3**
1. 직접투자	**98.9**	439.4	**30.6**	**30.2**	484.1
1.1 직접투자 [자산]	**126.9**	660.0	**36.6**	**55.1**	664.1
1.2 직접투자 [부채]	**28.0**	220.6	**6.0**	**24.8**	180.0
2. 증권투자	**58.9**	193.6	**25.9**	**74.3**	253.8
2.1 증권투자 [자산]	**121.4**	784.5	**40.8**	**43.7**	456.4
주식	**101.9**	685.3	**45.1**	**29.5**	406.0
부채성증권	**19.5**	99.2	**−4.4**	**14.2**	50.4
2.2 증권투자 [부채]	**62.6**	590.9	**14.9**	**−30.5**	202.5
주식	**31.7**	−149.6	**22.4**	**2.0**	−47.5
부채성증권[2)]	**30.8**	740.5	**−7.5**	**−32.5**	250.0
3. 파생금융상품	**5.9**	−0.6	**4.7**	**1.8**	75.7
4. 기타투자	**−71.3**	4.0	**−22.2**	**−94.6**	−146.5
4.1 기타투자 [자산]	**−3.0**	267.2	**−9.3**	**−146.3**	38.2
(대출)	**−7.3**	0.3	**29.5**	**15.9**	168.0
(현금 및 예금)	**12.0**	140.3	**−4.3**	**−102.2**	25.1
(기타자산[3)])	**−32.1**	13.1	**−32.4**	**−56.0**	−115.0
4.2 기타투자 [부채]	**68.3**	263.2	**12.9**	**−51.7**	184.7
(차입)	**90.2**	80.8	**−12.7**	**−34.0**	84.5
(현금 및 예금)	**−8.4**	38.7	**22.2**	**−7.8**	60.7
(기타부채[3)])	**−28.0**	−41.8	**5.6**	**−13.3**	24.1
5. 준비자산	**−21.2**	148.5	**−16.4**	**38.9**	−278.8
자본수지	**−0.1**	**−1.6**	**−1.4**	**0.2**	**0.0**

주: 1) 순자산 기준, 자산·부채 증가는 (+), 자산·부채 감소는 (−)
2) 거주자가 해외에서 발행한 채권 중 비거주자와의 거래분 포함 3) 매입외환, 매도외환 등
자료; 한국은행

직접투자한 금액(180억 달러)의 차이입니다. 우리 기업이 대외 기업에 훨씬 더 많은 투자를 하고 있다는 의미입니다.

증권투자(Portfolio Investment)란 거주자와 비거주자 간에 일어나는 주식 및 부채성증권(채권) 거래를 계상한 것입니다. 거주자의 해외증권투자는 거주자가 비거주자로부터 주식과 채권을 매입 혹은 매도하는 형태입니다. 우리가 해외 주식과 채권을 매입한 금액이 매도한 금액보다 많을 때 증권투자(자산)의 증가로 나타납니다. 반대로 비거주자가 국내 주식을 더 많이 매입했을 때, 금융계정에 증권투자(부채)의 증가로 나타납니다. 2022년에 증권투자가 254억 달러로 기록되어 있는데, 이는 우리가 대외에 투자한 증권(456억 달러)이 외국인이 우리 증권을 산 금액(203억 달러)보다 그만큼 많다는 의미입니다.

결국 경상수지 흑자로 들어온 돈이 직접투자나 증권투자 형태로 나가고 있다는 의미입니다.

경상수지 흑자 이유는? 국민소득 결정식에서 '소비+투자+정부지출+수출=소비+저축+조세+수입'라는 항등식이 있습니다. 여기서 정부가 균형예산을 편성한다면(정부지출=조세), '저축-투자=수출-수입'이 됩니다. 즉, 한 나

라 경제에서 저축이 투자보다 많다면 그 나라 경상수지는 흑자를 기록하게 됩니다.

1997년 외환위기 이전에는 우리 기업의 과잉투자로 국내총투자율이 총저축률을 웃돌았습니다. 실제로 1990~97년 연평균 투자율이 38.9%로 저축률(37.8%)보다 높았습니다. 그래서 이 기간 동안 GDP 대비 경상수지가 적자 연평균 1.6%였습니다.

그러나 외환위기 이후 기업의 투자가 합리화하면서 투자율이 저축률보다 낮아졌습니다. 우리 경제에 가장 큰 변화 중 하나였습니다. 1998년에서 2021년까지 연평균 투자율이 31.6%로 저축률

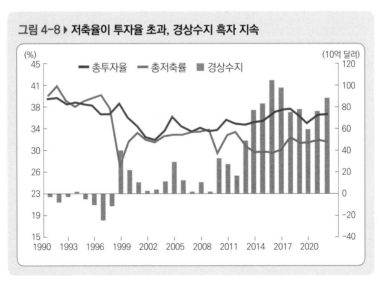

그림 4-8 ▶ 저축율이 투자율 초과, 경상수지 흑자 지속

자료: 한국은행

34,8%보다 3.2% 포인트나 낮았습니다. 이 기간에 GDP 대비 경상수지 흑자가 연평균 3.5%였습니다.

경상수지 흑자는 우선 환율 안정에 기여했습니다. 경상수지 흑자로 대외 채권이 늘었고 외환보유액도 크게 늘었습니다. 경상수지 흑자로 시장에 공급된 달러가 원화 가치 상승에도 기여했습니다. 원화 가치 상승은 수입 물가 안정을 통해 국내 물가 안정을 초래할 수 있었고, 물가 안정은 금리의 하향 안정을 초래했습니다.

소득수지 흑자로
경상수지 흑자 유지

2022년 경상수지 흑자가 298억 달러로 2021년(852억 달러)에 비해서 대폭 축소되었습니다. 주로 상품 수지 흑자가 크게 줄었기 때문입니다. 그러나 경상수지 흑자 규모는 줄어든 흑자 그 자체는 유지할 가능성이 높습니다. 앞서 살펴본 것처럼 기본적으로 우리 경제에서 저축률이 투자율을 넘어서고 있기 때문입니다. 또 투자소득이 지속적으로 흑자를 낼 확률이 높습니다.

1998년에서 2021년까지 누적 경상수지 흑자액이 1조 118억 달러였습니다. 경상수지 흑자로 국내로 들어온 달러가 금융계정을 통해 해외로 나갔습니다. 같은 기간 해외로 나간 돈이 1조 336억 달러입니다. 해외 직접투자나 증권투자로 나간 것입니다. 특히 증권투자로 나간 돈이 8,226억 달러(=주식 5,908억 달러+채권 2,318억 달러)나 됩니다.

경상수지 흑자로 벌어들인 돈으로 해외 금융자산을 사들인 결과, 2014년부터는 대외순금융자산이 플러스로 전환되었습니다. 구체적 수치로 예를 들면 2007년에 대외순금융자산이 마이너스(-) 1,889억 달러였으나, 2014년 플러스 809달러로 전환했고, 2022년 3분기에는 그 규모가 7,860억 달러로 대폭 확대되었습니다. 외국인이 우리 금융자산을 가지고 있는 것보다도 우리가 해외 금융자산을 그만큼 더 많이 보유하고 있다는 의미입니다. 특히 2022년 들어서는 주식 순자산도 1,155억 달러로 플러스로 전환했습니다.

표 4-6 ▶ 대외금융자산·부채 현황

(억 달러)

	2021년p		2022년p			분기중 증감		
	3/4	4/4	1/4	2/4	3/4		거래요인	비거래요인
대외금융자산	21,208	21,784	21,893	21,235	20,829	-406	113	-519
(증권투자)	7,934	8,347	8,107	7,423	7,071	-352	35	-388
대외금융부채	14,910	15,188	14,933	13,794	12,969	-826	95	-921
(증권투자)	9,649	9,910	9,406	8,028	7,173	-856	83	-939
순대외금융자산	6,297	6,596	6,960	7,441	7,860	419	17	402

자료: 한국은행

그림 4-9 ▶ 순대외금융자산 추이

(단위: 억 달러)

22.3/4분기말 7,860억 달러

07.3/4분기말 −2,160억 달러

자료: 한국은행

그림 4-10 ▶ 대외금융자산·부채 추이

(단위: 억 달러)

대외금융자산
대외금융부채

자료: 한국은행

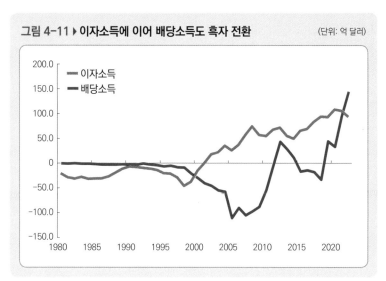

그림 4-11 ▶ 이자소득에 이어 배당소득도 흑자 전환　　　　　(단위: 억 달러)

자료: 한국은행

우리가 이렇게 많은 해외 금융자산을 보유하고 있어서 이자와 배당 수지가 흑자로 기록할 수밖에 없습니다. 2002년부터 이자소득수지가 흑자를 지속하고 있는 가운데, 2019년부터는 배당 수지도 구조적으로 흑자로 전환하는 모습을 보이고 있습니다. 2022년 투자소득수지가 238억 달러 흑자로 사상 최고치를 기록했습니다. 앞으로도 투자소득수지 흑자가 경상수지 흑자에 큰 효도 역할을 하게 될 것입니다.

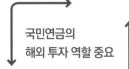

국민연금의 해외 투자 역할 중요

앞서 살펴본 것처럼 경상수지 흑자로 벌어들인 돈이 해외 직접투자나 증권투자로 다 나가고 있습니다. 지금까지는 경상수지 흑자는 대부분 상품수지 흑자에서 나왔습니다. 우리 국민(기업)이 땀 흘려 상품을 만들고 해외에서 번 돈이 주로 증권투자로 나가고 있다는 것입니다. 이런 의미에서 해외투자를 하고 있는 연기금이나 금융회사들의 책임이 막중합니다. 특히 투자금액이 가장 큰 국민연금의 수익성은 아무리 강조해도 지나치지 않을 것입니다.

[표 4-7]은 국민연금의 금융자산 배분 내용입니다. 가장 큰 변화는 해외 주식 비중 변화에 있습니다. 2010년 금융자산 중 해외 주식 비중이 6.2%였으나, 2022년 9월에는 27.7%로 4배 이상 늘었습니다. 국민연금은 2023년에는 해외 주식 비중은 30.3%로 더 늘릴 계획입니다.

국민연금 운용 담당자들이 운용자산의 원천이 되고 있는 돈의 의미를 생각하면서 운용수익률 제고에 최선을 다해주기를 바라는 마음 간절합니다.

표 4-7 ▶ **국민연금의 금융자산 배분**

(단위: 조원%)

	2010년	2015년	2016년	2017년	2018년	2019년	2020년	2021년	2022년 9월
금융자산	323.6	511.7	557.7	621.0	638.2	736.1	833.1	948.1	894.8
증가율	37.7	20.0	18.8	21.4	14.4	18.5	30.5	28.8	–
채권	215.1	290.2	302.6	312.7	337.6	351.2	371.0	403.9	373.5
비중	66.5	56.7	54.3	50.3	52.9	47.7	44.5	42.6	41.7
국내채권	215.0	268.6	270.3	280.4	311.0	320.8	326.1	340.0	303.2
비중	66.7	52.5	50.1	46.6	48.7	43.6	39.1	35.9	34.0
해외채권	13.3	21.6	23.2	23.3	263.6	30.5	44.9	63.9	70.3
비중	4.1	4.2	4.2	3.7	4.2	4.1	5.4	6.7	7.9
주식	74.9	164.8	188.0	239.8	221.9	298.8	369.5	422.4	369.3
비중	23.1	32.2	33.7	38.6	34.8	40.6	44.4	44.6	41.3
국내주식	55.0	94.9	102.4	131.5	108.9	132.3	176.7	165.8	121.7
비중	17.0	18.5	18.4	21.2	17.1	18.0	21.2	17.5	13.6
해외주식	**19.9**	**69.9**	**85.7**	**108.3**	**113.0**	**166.5**	**192.8**	**256.6**	**247.6**
비중	6.2	13.7	15.4	17.4	17.7	22.6	23.1	27.1	27.7
대체투자	18.9	54.7	63.7	66.8	76.6	84.3	90.7	119.3	150.8
비중	5.8	10.7	10.7	10.8	12.0	11.5	10.9	12.6	16.8

자료: 국민연금공단

경제심리지수

지금까지 통계청의 산업활동동향, 한국의 국민계정 특히 GDP, 산업통상자원부(관세청)의 수출입 통계를 중심으로 경기를 판단해 보았습니다. 이들은 실제 통계입니다.

이 장에서는 심리지수 중심으로 경기를 보는 방법을 소개하겠습니다.

소비자동향조사 결과로 가계의 소비심리를 알 수 있습니다

한국은행은 매월 가계를 대상으로 소비자동향조사 결과를 발표합니다. 이는 가계의 소비심리를 파악하기 위한

것입니다. 한국은행 홈페이지의 보도자료에서 소비자동향을 입력하면 아래와 같은 화면이 나옵니다.

자료: 한국은행

2023년 1월 보도자료를 클릭하면 당월 소비자동향 자료를 볼 수 있습니다. 자료의 마지막 부분에 가면 소비자동향을 어떻게 조사했는지가 나옵니다. 한국은행은 전국 도시 2,500가구를 대상으로 매월 설문조사를 합니다. 2023년 1월 조사에서는 2,372가구에 응답했다고 나옵니다.

소비자동향지수(Consumer Survey Index: CSI)는 소비자의 경제 상황에 대한 인식과 향후 소비지출전망 등을 설문조사하여 그 결과를 지수화한 통계자료입니다. 조사항목은 가계의 재정 상황, 경제

상황, 가계의 저축 및 부채에 대한 상황, 물가 상황에 대한 인식입니다. 개별동향지수는 다음과 같은 식으로 작성합니다.

개별 소비자동향지수

$$\frac{\left(\begin{array}{l} 매우긍정 \times 1.0 \\ + 다소긍정 \times 0.5 \\ + 비슷 \quad \times 0.0 \end{array}\right) - \left(\begin{array}{l} 다소부정 \times 0.5 \\ + 매우부정 \times 1.0 \end{array}\right)}{전체 응답가구수} \times 100 + 100$$

이렇게 조사한 수치가 100보다 큰 경우 긍정적으로 응답한 가구수가 부정적으로 응답한 가구수보다 많음을, 100보다 작은 경우 그 반대를 나타냅니다.

한국은행의 소비자동향 조사에서 핵심은 소비자심리지수(Composite Consumer Sentiment Index: CCSI)입니다. 이는 현재생활형편, 가계수입전망, 소비지출전망 등 6개의 주요 개별지수를 표준화하여 합성한 지수로서 경제 전반에 대한 소비자의 인식을 종합적으로 판단하는 지수입니다. 6개 개별지수를 표준화 구간(2003년~전년 12월, 매년 초에 전년 12월까지 연장)의 평균과 표준편차를 이용하여 표준화한 후 이를 합성한 종합적인 소비자심리지표입니다.(구체적 지수 산출방식에 대해서는 보도자료

부록2 한국은행
소비자동향 조사 결과
(2023. 2월 조사)

부록1 ▶ 2023년 1월 소비자동향조사 개요

1. 조사대상 : 전국 도시 2,500가구 (응답 2,372 가구)
2. 조사기간 : 2023. 1. 9 ~ 1. 16
3. 소비자동향지수(CSI)의 개념 및 조사내용
— 소비자동향지수(Consumer Survey Index: CSI)는 소비자의 경제상황에 대한 인식과 향후 소비지출전망 등을 설문조사하여 그 결과를 지수화한 통계자료임

$$개별\ 소비자동향지수 = \frac{(매우긍정×1.0 + 다소긍정×0.5 + 비슷×0.0) - (다소부정×0.5 + 매우부정×1.0)}{전체\ 응답가구수} ×100 + 100$$

조 사 항 목		조 사 내 용
가계 재정상황에 대한 인식	현재생활형편[1]	6개월 전과 비교한 현재
	생활형편전망[1]	현재와 비교한 6개월 후 전망
	가계수입전망[2]	〃
	소비지출전망[2]	〃
경제상황에 대한 인식	현재경기판단[1]	6개월 전과 비교한 현재
	향후경기전망[1]	현재와 비교한 6개월 후 전망
	취업기회전망[2]	〃
	금리수준전망[2]	〃
가계 저축 및 부채 상황에 대한 인식	현재가계저축[2]	6개월 전과 비교한 현재
	가계저축전망[2]	현재와 비교한 6개월 후 전망
	현재가계부채[2]	6개월 전과 비교한 현재
	가계부채전망[2]	현재와 비교한 6개월 후 전망
물가상황에 대한 인식	물가수준전망[2]	현재와 비교한 1년 후 전망
	주택가격전망[2]	〃
	임금수준전망[2]	〃
	물가인식	지난 1년간 소비자물가상승률에 대한 인식
	기대인플레이션율	향후 1년간 소비자물가상승률 전망

주 : [1] 100보다 큰 경우 긍정적으로 응답한 가구수가 부정적으로 응답한 가구수보다 많음을, 100보다 작은 경우 그 반대를 나타냄
　　 [2] 100보다 큰 경우 증가 또는 상승할 것으로 응답한 가구수가 감소 또는 하락할 것으로 응답한 가구수보다 많음을, 100보다 작은 경우 그 반대를 나타냄

자료: 한국은행

〈부록2〉에 나와 있습니다.

이렇게 산출된 소비자심리지수가 100보다 클 경우 경제 상황에 대한 소비자의 주관적인 기대심리가 과거(2003년~전년 12월) 평균보다 낙관적임을, 100보다 작을 경우에는 비관적임을 의미합니다.

이제 주요 내용 중심으로 살펴보겠습니다.

2023년 1월 소비자심리지수 90.7로 2022년 11월(86.7) 이후 2개월 연속 개선되기는 했습니다만, 아직도 100을 크게 밑돌고 있습니다. 이는 우리 가계가 과거 평균보다 가계 생활이 더 어렵다는 것을 의미합니다.

표 5-1 ▶ **구성지수의 기여도**

		'22.5월	6월	7월[1]	8월[1]	9월[1]	10월[1]	11월[1]	12월[1]	'23.1월[1]
소비자심리지수		102.9	96.7	86.3	89.0	91.6	89.0	86.7	90.2	90.7
(전월대비 지수차)		△1.2	△6.2	△10.4	2.7	2.6	△2.6	△2.3	3.5	0.5
구성지수의 기여도 (p)	현재생활형편	△0.8	△0.5	△1.6	0.5	0.5	△0.5	0.0	0.0	△0.3
	생활형편전망	△0.3	△1.3	△2.4	1.1	0.8	△0.5	△0.5	0.8	0.0
	가계수입전망	△0.4	△0.4	△1.6	0.4	0.8	△0.8	△0.4	0.8	0.4
	소비지출전망	0.7	△0.7	△0.7	△0.7	△0.3	0.3	△1.0	0.3	0.7
	현재경기판단	0.0	△1.5	△1.8	0.4	0.3	△0.3	△0.1	0.5	0.0
	향후경기전망	△0.4	△1.8	△2.3	1.0	0.5	△0.7	△0.2	1.0	△0.2

자료: 한국은행

기대인플레이션율이
중요합니다

보도자료 내용을 보면 가계 부채 상황 인식이나 주택가격 및 임금 수준 등에 대한 다양한 조사자료 있습니다. 한번 훑어보길 바랍니다. 보도자료 뒷 부문에 있는 기대인플레이션율을 꼭 보아야 할 것입니다. 이것이 한국은행의 통화정책 방향 결정에도 중요한 영향을 미치기 때문입니다. 여기서 물가인식은 지난 1년간 소비자물가상승률에 대한 인식입니다. 기대인플레이션율은 앞으로 1년간 소비자물가상승률이 얼마나 오를 것으로 생각하는지에 대한 전망치입니다. 기대인플레이션율은 소비에 중요한 영향을 미칩니다. 앞으로 물가가 오를 것으로 생각하면 가계는 소비를 앞당기게 됩니다. 임금협상 때 근로자는 회사에 더 많은 임금을 요구합니다. 가계 자산이 금융자산보다는 부동산 실물 자산으로 더 이동

표 5-2 ▶ **물가인식 및 기대인플레이션율[1]**

(%, %p)

	'22.5월	6월	7월[2]	8월[2]	9월[2]	10월[2]	11월[2]	12월 (A)[2]	'23.1월 (B)[2]	(B-A)
물가인식[3]	3.4	4.0	5.1	5.1	5.1	5.2	5.1	5.0	5.0	(-)
기대인플레이션율[4]	3.3	3.9	4.7	4.3	4.2	4.3	4.2	3.8	3.9	(+0.1)

주: 1) 중앙값(median)
2) 신표본을 대상으로 한 조시결과임
3) 지난 1년간 소비자물가상승률에 대한 인식(%)
4) 향후 1년간 소비자물가상승률 전망(%)

자료: 한국은행

할 수도 있습니다. 기업은 상품 가격을 더 올릴 수도 있습니다. 이러한 현상이 심화하면 하이퍼인플레이션 현상이 나타날 수도 있습니다. 그래서 중앙은행은 기대인플레션을 낮추기 위해 기준금리를 더 빠르게 올리게 됩니다.

소비심리는 주가와 거의 같은 방향으로 움직입니다

보도자료의 〈통계편〉은 앞에서 본 다양한 통계를 한눈에 보게 해줍니다. 여기서 보아야 할 또 다른 지표가 주요 품목별 소비지출전망입니다. 여기에는 최근 몇 개월 통계만 나와있기에 추세를 알 수 없습니다. 100이 넘는 게 의료보건비지출입니다. 경제 상황에 관계없이 의료보건은 필수이기 때문입니다. 100을 웃돌던 교육비 지출도 최근에는 100 이하로 낮아지고 있습니다. 코로나19 영향이 컸습니다만, 최근에도 100 안팎에서 움직이고 있는 것은 우리 가계가 교육비 지출마저 과거보다는 줄여야겠다는 생각을 하고 있다는 의미로 해석됩니다. 그만큼 가계 생활이 여의찮다는 것입니다. 코로나19 영향을 가장 크게 받았던 외식비와 여행비 지출은 회복되었으나, 여전히 100을 크게 밑돌고 있는 상황입니다.

소비자심리지수는 주가와 거의 같은 방향으로 움직입니다. 주식을 가지고 있는 분이라면 주가가 오를 때 경기가 좋다고 대답할 것입니

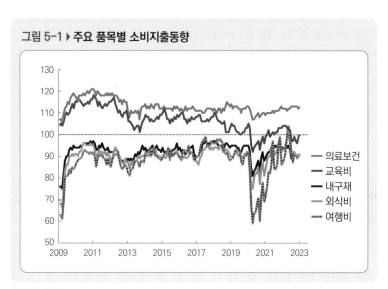

그림 5-1 ▶ 주요 품목별 소비지출동향

의료보건
교육비
내구재
외식비
여행비

자료: 한국은행

그림 5-2 ▶ 소비자심리지수와 주가 추이

소비자심리지수(좌)
KOSPI(우)

자료: 한국은행

다. 주가가 오르면 소비할 돈이 늘어나기 때문입니다. 이를 부의 효과 (wealth effect)라고 합니다. 주식이 없는 분도 주가가 오르면 경기가 좋아져서 그러나보다고 설문조사 때 긍정적 대답을 할 것입니다.

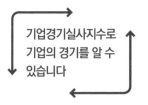

한국은행은 소비자동향 조사로 가계의 소비심리를 알려줄 뿐만 아니라 기업경기실사지수(BSI)로 기업경기동향을 미리 알려줍니다. BSI는 아래와 같이 한국은행 보도자료에서 볼 수 있습니다.

자료: 한국은행

보도자료 (부록) 부분에는 조사 개요가 나와있습니다. BSI는 한국은행이 매월 기업경기동향 파악 및 다음 달 전망을 위해 기업가의 현재 기업경영 상황에 대한 판단과 향후 전망을 조사하여 지수화한 것입니다. 조사대상은 3,255개의 법인기업인데, 2023년 1월 설문 조사에서는 84.1%에 해당하는 2,739개 업체가 응답했습니다. 조사목적은 전반적인 기업경기를 나타내주는 업황, 제품재고, 생산 설비수준, 인력사정 등 다양한 내용이 포함되어 있습니다. 자세한 내용은 나중에 살펴보겠습니다.

이를 토대로 한국은행은 다음 같은 식에 의해 업종별 BSI를 작성할 뿐 아니라 전산업 BSI를 작성합니다.

$$\text{업종별 } BSI = \frac{\text{(긍정적인 응답업체수 − 부정적인 응답업체수)}}{\text{전체 응답가구수}} \times 100 + 100$$

아주 단순한 예를 들어보겠습니다. 100개 기업을 대상으로 조사했습니다. 이 조사에서 긍정적 응답 업체가 45개, 부정적 응답 업체가 55개라면 BSI는 90이 되는 것입니다.

이렇게 작성한 BSI가 100을 넘으면 경기가 좋다고 대답한 기업이 나쁘다고 대답한 기업보다 많다는 의미입니다. 반대로 100 이하면 경기가 나쁘다고 보는 기업이 더 많다는 것입니다. BSI가 100에서 위로 많이 벗어나는 경우는 경기 활황국면이고, 100 이하로 많이 떨어지면 경기 침체국면에 해당한다고 보아도 무리가 없습니다.

이제 BSI의 주요 내용을 보겠습니다. 우선 제조업 BSI입니다.

2023년 1월 BSI는 66으로 100을 훨씬 밑돌고 있을 뿐만 아니라 장기(2003~2022년) 평균인 79보다도 낮습니다. 그만큼 우리 경기가 나쁘다고 대답하는 제조업체들이 많다는 것입니다.

[표 5-3]에서 본 몇 개월 통계로는 최근 추이를 알 수 있습니다. 한국은행 경제통계시스템(ECOS)에서 장기 데이터를 받을 수 있습니다.

표 5-3 ▶ 제조업 BSI

	장기 평균[1]	'22. 7월	8월	9월	10월	11월	12월	'23. 1월	2월	전월 대비
업황	79 (81)	80 (83)	80 (78)	74 (82)	72 (75)	74 (73)	71 (69)	66 (68)	(65)	−5 (−3)
계절조정	79 (81)	80 (82)	82 (80)	77 (82)	72 (73)	74 (75)	71 (70)	66 (71)	(66)	−5 (−5)
대기업	85 (87)	84 (87)	86 (84)	78 (87)	75 (78)	79 (75)	74 (75)	66 (71)	(67)	−8 (−4)
중소기업	74 (77)	75 (78)	73 (72)	69 (77)	68 (72)	69 (69)	67 (62)	66 (64)	(64)	−1 (0)
수출기업[2]	83 (86)	85 (90)	83 (85)	77 (86)	71 (76)	75 (72)	74 (67)	66 (64)	(66)	−8 (+2)
내수기업[2]	77 (79)	77 (78)	78 (75)	72 (80)	72 (75)	74 (73)	69 (70)	66 (70)	(65)	−3 (−5)

주 : 1) 2003.1월 ~ 2022.12월까지 평균치이며, 매년 수정됨
　　2) 수출기업은 매출액 중 수출비중이 50% 이상인 업체, 내수기업은 50% 미만인 업체임
　　3) ( ) 내는 전월에 조사된 해당월 전망치
자료: 한국은행

여기서 받은 통계로 BSI의 장기 추이를 그려보면 아래와 같습니
다. 2021년 6월(98)을 정점으로 제조업 BSI가 지속적으로 하락하고

그림 5-3 ▶ 제조업 업황 BSI 장기 추이

제조업 장기평균 = 79

자료: 한국은행

있습니다. (코스피도 2021년 6월에 고점을 치고 하락했습니다. 주
식투자들에게 참고할만한 지표라는 것입니다.)

대기업과 중소기업 경기의 차별화가 심합니다

한국은행은 제조업 BSI를 발표할 때, 대기업과 중소기업, 수출기업과 내수기업을 구분하여 발표합니다. [그림 5-4]에서 볼 수 있는 것처럼 전반적으로 대기업 BSI가 중소기업보다 더 높고, 수출기업 BSI가 내수기업보다 높습니다. 그러나 2021년 하반기 이후에는 대기업과 수출기업 경기도 크게 악화하고 있습니다. 예를 들면 대기업 BSI가 2021년 4월 110을 정점으로 2023년 1월에는 66으로 추락했습니다. 같은 기간 수출기업 BSI도 109에서 66으로 급락했습니다. 내수 중소기업에 이어 수출 대기업 경기마저 매우 어렵다는 의미입니다.

한국은행은 BSI를 발표할 때 아래와 같이 매출, 생산, 신규수주, 채산성 등에 대한 세부 내용도 자세하게 발표하고 있습니다.

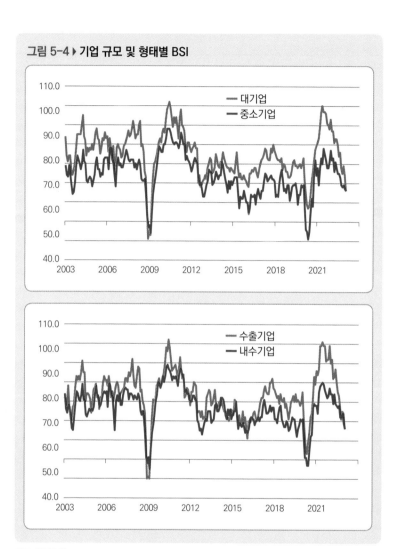

그림 5-4 ▶ 기업 규모 및 형태별 BSI

자료: 한국은행

표 5-4 ▶ 제조업 BSI

	장기 평균[1]	'22. 7월	8월	9월	10월	11월	12월	'23. 1월	2월	전월 대비
매출[2]	91 (94)	98 (99)	98 (97)	95 (97)	89 (92)	90 (90)	85 (89)	78 (82)	(79)	−7 (−3)
수출	93 (95)	97 (100)	99 (97)	97 (98)	92 (93)	94 (91)	89 (91)	80 (86)	(80)	−9 (−6)
내수판매	88 (90)	95 (97)	96 (94)	92 (95)	89 (90)	86 (90)	83 (85)	76 (80)	(77)	−7 (−3)
생산[2]	93 (95)	95 (101)	94 (95)	94 (94)	91 (94)	87 (93)	85 (86)	80 (85)	(81)	−5 (−4)
신규 수주[2]	89 (92)	91 (96)	90 (90)	87 (91)	82 (85)	83 (86)	80 (82)	75 (79)	(75)	−5 (−4)
제품재고수준[3]	105 (104)	104 (99)	102 (103)	107 (102)	106 (106)	106 (105)	109 (106)	108 (107)	(107)	−1 (0)
가동률[4]	92 (94)	92 (99)	93 (92)	93 (93)	87 (92)	87 (91)	84 (86)	78 (84)	(79)	−6 (−5)
생산설비수준[3]	103 (103)	100 (100)	101 (101)	102 (102)	101 (102)	103 (101)	104 (104)	104 (104)	(104)	0 (0)
설비투자실행[5]	95 (96)	95 (98)	95 (95)	95 (95)	94 (96)	93 (92)	90 (92)	91 (91)	(90)	+1 (−1)
채산성[6]	84 (85)	72 (76)	77 (72)	74 (78)	72 (75)	74 (74)	76 (73)	76 (77)	(76)	0 (−1)
원자재구입가격[4]	119 (118)	133 (143)	127 (133)	131 (127)	127 (130)	125 (126)	116 (123)	113 (115)	(110)	−3 (−5)
제품판매가격[4]	96 (97)	105 (108)	100 (105)	101 (100)	101 (102)	99 (101)	96 (98)	90 (98)	(92)	−6 (−6)
자금 사정[6]	85 (86)	82 (83)	83 (79)	81 (83)	79 (82)	78 (79)	81 (76)	79 (81)	(80)	−2 (−1)
인력 사정[3]	94 (95)	83 (81)	83 (84)	84 (83)	84 (85)	88 (85)	89 (89)	92 (89)	(93)	+3 (+4)

주 : 1) 2003.1월 ~ 2022.12월까지 평균치이며, 매년 수정됨
　　 2) 「확대」 응답업체 구성비(%) − 「둔화」 응답업체 구성비(%) + 100
　　 3) 「과잉」 응답업체 구성비(%) − 「부족」 응답업체 구성비(%) + 100 으로
　　　　 일반적으로 경기 상승기에는 하락하고 경기 하강기에는 상승하는 역계열임
　　 4) 「상승」 응답업체 구성비(%) − 「하락」 응답업체 구성비(%) + 100
　　 5) 「계획대비 수정증액」 응답업체 구성비(%) − 「계획대비 수정감액」 응답업체 구성비(%) + 100
　　 6) 「호전」 응답업체 구성비(%) − 「악화」 응답업체 구성비(%) + 100
　　 7) ( ) 내는 전월에 조사된 해당월 전망치
자료: 한국은행

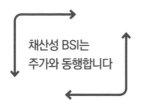

채산성 BSI는
주가와 동행합니다

역시 관심있는 분야에 대해서는 한국은행 경제통계에서 데이터를 받아 장기 추이를 볼 수 있습니다. 저는 주식시장에 관심이 많기 때문에 채산성 통계를 봅니다. [그림 5-5]는 코스피와 제조업 채산성 BSI 추이를 그려본 것입니다. 두 지표가 거의 같은 방향으로 움직여 왔다는 사실을 알 수 있습니다.

앞서 본 것처럼 2021년 하반기부터 제조업 경기가 나빠지기 시작했고, 2023년 초에는 극심한 침체 상태에 있습니다. 그렇다면 무엇 때문에 우리나라 제조업체들이 경기가 어렵다고 대답했을까요.

그림 5-5 ▶ 제조업 채산성 BSI와 코스피 추이

자료: 한국은행, 한국거래소

불확실한 경제 상황, 원자재 가격 상승, 내수 부진 등이 그 요인으로 지적되고 있습니다. 2023년 1월 조사를 보면 불확실한 경제상황 비중은 전월에 비해 상승(+4.5%p)한 반면, 원자재 가격상승 비중은 하락(-4.6%p)했습니다. 그만큼 미래의 경제 전망이 불투명하다는 의미입니다.

표 5-5 ▶ **제조업 경영 애로사항**

(비중,%)

	불확실한 경제상황	원자재 가격상승	내수 부진	인력난· 인건비 상승	수출 부진	자금 부족	기타/ 없음
'22. 12월(A)	22.0	17.2	10.8	9.4	7.0	6.5	27.1
'23. 1월(B)	26.5	12.6	12.4	9.2	7.3	5.6	26.4
B-A(%p)	+4.5	-4.6	+1.6	-0.2	+0.3	-0.9	-0.7

자료: 한국은행

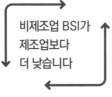

비제조업 BSI가 제조업보다 더 낮습니다

제조업 중심으로 BSI를 살펴보았습니다만, 비제조업 경기도 같은 보도자료에서 볼 수 있습니다. [그림 5-6]에서 볼 수 있는 것처럼 평균적으로 비제조업 경기가 제조업 경기보다 더 나쁘게 나오고 있습니다. 보는 방법은 제조업과 같기 때문에 자세한 설명은 생략하겠습니다.

그림 5-6 ▶ 제조업·비제조업 업황 전망 BSI 추이

제조업(장기평균=79)

비제조업(장기평균=75)

자료: 한국은행

BSI는
전경련에서도
발표합니다

BSI는 한국은행뿐만 아니라 다양한 경제단체에서도 작성하여 발표합니다. 전국경제인연합회(전경련) BSI는 참고할만합니다. 전경련 홈페이지의 〈보도자료·발표문〉에서 기업경기동향조사를 입력하면 다음 장의 그림과 같이 화면이 나옵니다.

전경련 BSI 산출방식은 한국은행 방법과 같습니다. 그러나 한가지 가장 중요한 차이가 있습니다. 전경련 BSI 대상 기업은 금융업을 제외한 매출액 기준으로 600대 대기업입니다. 한국은행 BSI 대상기업은 3,255개 기업으로 여기에는 대기업뿐만 아니라 중소기업도 포

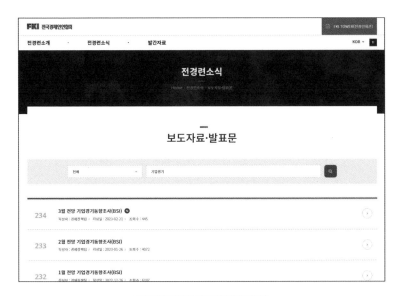

전국경제인연합회
보도자료·발표문

[제563회 기업경기동향조사(BSI) 개요]

○ **조사기간** : 2023. 1. 5(목) ~ 1. 12(목)

○ **조사대상** : 업종별(금융업 제외) 매출액 순 600대 기업
　　　　　　　ㄴ 응답률 62.2%, 373개사 응답

○ **조사항목** : 종합경기를 비롯한 8개 부문의 '23년 1월 동향과 2월 전망
　　　　　　　(각 항목은 전월실적 대비 변화 방향을 긍정/보통/부정의 3단계로 판단)
　　　　　　　★ 각 부문별 전망은 [첨부 2] 참고

○ **조사방법** : 응답기업 담당자의 자기 기술과 조사원의 질의 기술 병행

○ **기업경기실사지수(Business Survey Index) 산출**
　　: 부문별, 업종별로 아래의 계산식에 따라 산출

$$BSI = \frac{(긍정\,응답\,기업\,수 - 부정\,응답\,기업\,수)}{전체\,응답\,기업\,수} \times 100 + 100$$

※ 일반적으로 BSI가 기준치 100보다 높을 경우 경기 전망을 긍정적으로 판단하며,
　　100보다 낮을 경우 부정적으로 판단.

자료: 전국경제인연합회

함되어 있습니다.

전경련은 1980년 1월부터 BSI를 작성하여 발표하고 있습니다. [그림 5-7]은 2003년 이후 전경련 BSI 추이입니다. 전망치는 매월 조사 때 다음 달 경기를 기업에게 묻는 것이고, 실적은 지난 달 경기가 실제로 어땠는가를 조사한 것입니다. 대체로 실적치가 전망치보다 낮습니다. 대부분 미래를 낙관적으로 전망하는데 실제치는 그만큼 좋지 않았다는 의미입니다.

전경련 BSI가 한국은행 BSI보다 평균적으로 높은 수준을 유지하고 있습니다. 2003년 1월에서 2022년 12월 한국은행의 제조업 업

그림 5-7 ▸ 전경련 BSI 추이

자료: 전국경제인연합회

황 BSI가 평균 79였습니다만, 전경련 실적 BSI는 93이었습니다. 그 차이는 전경련의 조사대상 기업이 600대 대기업에서 찾을 수 있습니다. 한국은행 조사에서는 중소기업도 포함되어 있습니다. 대기업 경기가 상대적으로 중소기업 경기보다는 좋았다는 이야기가 되겠습니다.

PMI도 기업경기 실사지수입니다

우리나라 한국은행이나 전경련이 발표하는 기업경기실사지수(BSI)를 세계 각국의 여러 단체에서도 발표합니다. 대표적인 예가 미국 공급관리자협회(ISM; The Institute of Supply Management)가 발간하는 제조업 구매관리자 지수(PMI; Purchasing Managers' Index)입니다. ISM 홈페이지에 들어가서 ISM 지수를 찾을 수 있습니다.

ISM 제조업 지수는 미국 제조업 경기를 가늠할 수 있는 지수로 매월 첫 평일날 발표합니다. 미국 공급관리자협회는 매월 20여 개의 업종과 300여 기업을 대상으로 생산, 신규주문, 고용, 공급자 운송시간, 재고 5개 항목을 조사하여, 이를 하나의 지수로 종합하여 산출합니다.

구체적인 산출방식은 다음과 같습니다. 예를 들어, 300개 기업 중 전월대비 신규 주문이 증가했다고 답한 기업이 100개, 변동이 없다

표 5-6 ▶ MANUFACTURING AT A GLANCE 제조 개요 2022년 12월
(편의를 위해 한글도 함께 표기하였습니다.)

	Index 인덱스	Series Index Dec 시리즈 인덱스 12월	Series Index Nov 시리즈 인덱스 11월	Percentage Point Change 백분율 포인트 변경	Percentage Point Change 백분율 포인트 변경	Rate of Change 변화율
Manufacturing PMI ⓘ 제조업 PMI	48.4	49.0	-0.6	Contracting 계약	Faster 빠르게	2
New Orders 새로운 주문	45.2	47.2	-2.0	Contracting 계약	Faster 빠르게	4
Production 생산	48.5	51.5	-3.0	Contracting 계약	From Growing 성장 과정	1
Employment 고용	51.4	48.4	+3.0	Growing 성장중	From Contracting 계약 과정	1
Supplier Deliveries 공급업체 납품	45.1	47.2	-2.1	Faster 빠르게	Faster 빠르게	3
Inventories 재고품	51.8	50.9	0.9	Growing 성장중	Faster 빠르게	17
Customers' Inventories 고객 재고	48.2	48.7	-0.5	Too Low 너무 낮음	Faster 빠르게	75
Prices 물가	39.4	43.0	-3.6	Decreasing 감소	Faster 빠르게	3
Backlog of Orders 주문 잔고	41.4	40.0	+1.4	Contracting 계약	Faster 빠르게	3
New Export Orders 새로운 수출 주문	46.2	48.4	-2.2	Contracting 계약	Faster 빠르게	5
Imports 수입품	45.1	46.4	-1.5	Contracting 계약	Faster 빠르게	2
OVERALL ECONOMY 전반적인 경제				Contracting 계약	From Growing 성장 과정	1
Manufacturing Sector 제조업 부문				Contracting 계약	Faster 빠르게	2

Manufacturing ISMⓡ Report On Business data is seasonally adjusted for the New Orders, Production, Employment and Inventories indexes.
*Number of months moving in current direction.

비즈니스 데이터에 대한 제조 ISMR 보고서는 신규 주문, 생산, 고용 및 재고 지수에 대해 계절에 따라 조정됩니다.
*현재 방향으로 이동하는 개월 수.

자료: ISM

고 답한 기업이 100개, 감소하였다고 답한 기업이 100개라고 가정하면, 신규 주문지수는 50 = {100×1 + (100×0.5) + (100×0)}/300] 이 된다. 증가했다고 대답한 기업에 '1', 변동이 없다고 답한 기업에 '0.5', 감소했다고 대답한 기업에 '0'의 가중치를 주어 계산합니다. 이런 식으로 신규 수주, 생산, 고용, 공급자 운송시간, 재고 등 개별 항목에 대해서도 지수를 계산합니다.

ISM 지수(PMI)는 이들 5개 지수에 다른 가중치(신규 수주 30%, 생산 25%, 고용 20%, 공급자 운송시간 15%, 재고 10%)를 두어 산출하는 종합지수입니다. 이 지수가 50이면 전월대비 당월의 제조업 경기가 거의 유사하다고 판단합니다. 50 미만일 경우 전월대비 제조업 경기가 수축 국면에 있으며, 50 초과일 경우 전월대비 확장국면에 있다고 판단합니다. 우리나라 BSI가 100 기준이라면 PMI는 50 기준인 것입니다.

[그림 5-8]과 같습니다. ISM 제조업 지수가 2021년 3월(63.7)을 정점으로 꺾이기 시작하다가 2022년 11월(49.0)과 12월(48.4)에는 50 이하로 떨어졌습니다. 미국 제조업 경기가 수축국면에 접어들고 있다는 의미가 되겠습니다. 서비스업 지수도 50 이하로 급락하고 있습니다.

이 지수는 월초에 발표되기 때문에 다른 경제지표들보다 먼저 제조업 경기의 국면을 알려줍니다. 또 이 지수가 예상치를 상회했느

그림 5-8 ▶ ISM 제조업 및 서비스업 추이

자료: ISM

냐 하회했느냐에 따라 주식시장에도 중요한 영향을 줍니다. 특히 ISM 제조업 지수는 우리 코스피와도 거의 같은 방향으로 움직이고 있습니다. 한국 경제 성장이 제조업 중심의 수출에 의존하기 때문입니다. 따라서 주식시장 참가자들은 ISM 제조업 지수 동향을 면밀하게 살펴볼 필요가 있습니다.

한편, 스탠다드앤드푸어스(S&P)는 매월 주요국 제조업의 PMI를 작성하여 발표합니다. 2021년 하반기부터는 미국, 독일, 일본, 중국 등 주요국의 PMI가 50 이하로 떨어졌습니다. 전 세계 제조업 경기가 수축국면에 있다는 것을 알 수 있습니다.

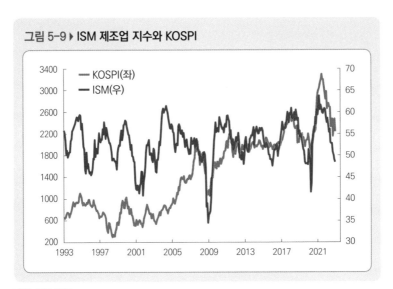

그림 5-9 ▶ ISM 제조업 지수와 KOSPI

자료: ISM, KRX

그림 5-10 ▶ 세계 주요국의 PMI

자료: 스탠다드앤드푸어스

경제심리지수는
경제상황에 대한
종합심리입니다

앞에서 소비자와 기업 심리를 알아보았습니다. 한국은행은 소비자 기업 등 모든 민간 경제주체의 경제상황에 대한 심리를 종합적으로 파악하기 위해 CSI와 BSI를 합성한 경제심리지수(ESI : Economic Sentiment Index)를 작성합니다. 이 지수는 BSI와 동시에 발표됩니다.

ESI는 BSI 및 CSI(각각 32개 및 17개) 중 경기 대응성이 높은 7개 항목을 선정하여 가중평균한 다음 장기평균이 100, 표준편차가 10이 되도록 표준화하여 산출합니다. 장기평균(100)은 표준화 가능 구간, 즉 BSI와 CSI 시계열 확보가 가능한 2003년 1월부터 2022년

표 5-7 ▶ ESI 구성 항목 및 가중치

		구성항목		가중치	
BSI	제조업	수출전망	0.150		0.45
		가동률전망	0.150		
		자금사정전망	0.150		
	비제조업	업황전망	0.150		0.30
		자금사정전망	0.150		
CSI		가계수입전망	0.125		0.25
		소비지출선망	0.125		

자료: 한국은행

12월 기간까지의 ESI 평균을 의미합니다. ESI 구성 항목 및 가중치는 [표 5-7]과 같습니다.

BSI 제조업 구성 항목은 수출, 가동률, 자금사정 전망으로 구성되어 있고, 이들이 ESI에서 차지하는 비중은 45%입니다. 비제조업 (업황 및 자금시장 전망) 비중은 30%입니다. 이들은 합친 BSI 비중이 75%나 됩니다. CSI에서 가계수입 및 소비지출 전망이 ESI 구성요소이고, 이들이 ESI에서 차지하는 비중은 25%입니다. 종합하면 BSI 비중이 75%, CSI비중이 25%로 BSI가 절대적으로 높습니다. 그만큼 기업 경기가 가계 경기보다 경기를 판단하는데 더 중요하다는

그림 5-11 ▶ 경제심리지수 추이

자료: 한국은행

이야기입니다.

한국은행은 ESI 순환변동치변도 같이 발표하는데, 이는 경제심리의 순환적 흐름을 파악하기 위하여 ESI 원계열에서 계절성 및 불규칙 변동치를 제거하여 산출합니다. ESI는 장기평균 100을 중심으로 대칭적으로 분포하기 때문에 ESI가 100을 상회(하회)하게 되면 기업과 가계 등 모든 민간 경제주체의 경제심리가 과거 평균보다 나아진(나빠진) 것으로 해석할 수 있습니다.

최근 동향을 보면 2022년 하반기부터 ESI가 100을 밑돌고 있습니다. 가계와 기업의 경제심리가 과거 평균보다 나빠지고 있다는 뜻입니다.

뉴스심리지수는
모든 경제변수에
선행합니다

한국은행은 뉴스심리지수(NSI, News Sentiment Index)를 2022년 2월 8일부터 매주 경제통계시스템(ECOS)에 실험적 통계로 공개하고 있습니다. NSI는 인터넷 포털사이트의 경제분야 뉴스기사를 기반으로 표본문장을 추출한 뒤 각 문장에 나타난 긍정, 부정, 중립의 감성을 기계학습(machine learning) 방법으로 분류하고 긍정과 부정 문장수의 차이를 계산하여 지수화한 지표입니다. 구체적 지수 작성 방법은 다음과 같습니다.

첫째, 지수 작성대상 표본은 2005년 이후 50여개 언론사의 경제분야 뉴스기사 문장으로, 일별 10,000개의 표본문장을 무작위로 추출합니다.

둘째, 공휴일에는 뉴스기사 수가 적어 표본문장이 10,000개 미만인 경우도 존재하며, 뉴스기사의 헤드라인은 약어가 다수 포함되고 완결된 문장이 아닌 경우가 많아 감성분류 대상에서 제외합니다.

셋째, 감성분류에 기계학습 방법론을 적용하기 위해, 과거 뉴스기사 문장 일부를 추출하여 사람이 감성을 분류한 학습데이터(labeled training set)를 먼저 구축하고, 이를 감성분류모형에 학습시켜 새로운 문장에 대한 감성을 예측하게 하는 지도학습(supervised leaning) 방법을 이용합니다. 작성 방법의 자세한 내용에 대해서는 다음을 참조하길 바랍니다.

자료: 한국은행

한국은행은 뉴스심리지수의 시험 공개기간 동안 전문가 및 이용자 의견을 청취하고 작성 방법 및 활용 방안을 검토하여 지수의 안정성, 정합성, 유용성 제고 방안을 모색하겠다고 합니다. 그러면서

표 5-8 ▸ **뉴스심리지수와 주요 경제지표간 시차상관분석 결과**

비교대상 경제지표[1]	최대상관계수	최대상관시차[2]
소비자심리지수	0.75	−1
전산업 업황전망 BSI	0.61	−2
경제심리지수	0.61	−2
KOSPI(전년동기대비 증가율)	0.68	−1
선행종합지수(순환변동치)	0.76	−2
분기GDP(실질SA 전기대비 증가율)	0.53	0

주: 1) 시계열 이용가능 시점을 감안하여 소비자심리지수와는 2008년 7월~2021년 12월, 선행종합지수
와는 2005년 1월~2021년 12월, 나머지 월별지표와는 2005년 1월~2021년 12월, 분기GDP와는
2005년 1월~2021년 4분기를 대상으로 비교
2) 음수는 뉴스심리지수가 비교대상 경제지표에 선행, 0은 동행함을 의미

자료: 한국은행

도 현재 작성하고 있는 월별 뉴스심리지수는 소비자심리지수, 선행
종합지수 등 주요 경제지표에 1~2개월 선행하면서 높은 상관관계
를 시현하고 있다고 발표했습니다. 특히 경기에 선행하는 선행종합
지수 순환변동치에도 뉴스심리지수가 2개월 선행하고 상관계수도
0.76으로 매우 높다고 했습니다.

한편, 코스피가 모든 경제변수에 대해서 선행하는 경향이 있는
데, 한국은행은 뉴스심리지수가 코스피(전년동기대비 증가율)에도
1개월 선행한다고 분석 결과를 발표했습니다. 제가 2008년 1월에
서 2022년 12월 통계를 대상으로 코스피 수준 자체와 시차 상관계

그림 5-12 ▶ 뉴스심리지수와 코스피

자료: 한국은행, 한국거래소

수를 구해보면 뉴스심리지수가 1개월 선행(상관계수 0.53)하는 것
으로 나타났습니다. 이런 시차관계는 분석 기간에 따라 약간의 차
이가 있습니다. 분석 기간을 최근 5년(2018.1~2022.12)으로 좁히
면 같은 기간의 코스피와 뉴스심리지수 상관계수가 0.80으로 동행
합니다. 주가가 올라가면 언론에서 긍정적 뉴스가 주가가 떨어지면
부정적 뉴스가 더 많이 나오고, 그 반대의 경우도 성립합니다. 그럼
에도 뉴스심리지수는 월간뿐만 아니라 일간(매주 화요일 오후 4시
에 지수 업로드)으로 발표되기 때문에 금융시장 참여자가 꼭 보아
야 할 지표 가운데 하나입니다.

참고로 뉴스심리지수 일간 및 월간 데이터는 여기서 볼 수 있습
니다.

자료: 한국은행경제통계시스템

고용통계

통계청이 분기별로 발표하는 〈가계동향조사 결과〉에 따르면 2022년 3분기 우리 가구의 월평균 소득은 487만 원입니다. 가구 소득 중 근로소득이 311만 원으로 64%를 차지했습니다. 가구의 근로소득의 주요 원천은 고용에 있다는 것입니다.

고용은 경기에 후행하는 경향이 있지만, 경기를 판단하고 정책 당국의 경제정책에도 중요한 영향을 줍니다. 특히 미국 중앙은행인 연방준비제도의 통화정책 목표에는 물가안정과 더불어 고용극대화가 들어가 있습니다.

통계청에서
매월 고용동향을
발표합니다

통계청에서 매월 두 번째 주 수요일 지난달 고용동향을 발표합니다. 아래는 2022년 12월 고용동향을 요약한 것입니다.

2022년 12월 고용동향 · 통계청

경제활동인구 구조
( )수치는 전년동월대비 증감

- 15세이상 인구
  4,533만 2천명
  (+12만 6천명)
- 경제활동인구
  2,867만 4천명
  (+39만 6천명)
  - 취업자
    2,780만 8천명
    (+50만 9천명)
  - 15세이상 고용률
    61.3%
    (+0.9%p)
  - 실업자
    86만 6천명
    (-11만 3천명)
  - 실업률
    3.0%
    (-0.5%p)
- 비경제활동인구
  1,665만 8천명
  (-27만 1천명)

연령계층별 고용률 현황

- 15~64세: 68.5% +1.2%p
- 65세 이상: 33.3% +1.6%p
- 15~29세: 45.9% +0.8%p
- 30~39세: 78.2% +1.8%p
- 40~49세: 77.8% +0.2%p
- 50~59세: 77.4% +1.2%p
- 60세 이상: 42.4% +1.7%p

산업별 취업자 현황
( )수치는 전년동월대비 증감률

증가
- 숙박 및 음식점업: +21만 6천명 (+10.3%)
- 보건업 및 사회복지서비스업: +18만 4천명 (+7.5%)
- 제조업: +8만 6천명 (+1.9%)

감소
- 도매 및 소매업: -7만 3천명 (-2.2%)
- 사업시설관리, 사업지원 및 임대서비스업: -3만 2천명 (-2.2%)
- 금융 및 보험업: -2만명 (-2.5%)

자료: 통계청

여기서 보면 고용에 대한 다양한 요약이 나옵니다. 통계청은 고용동향 발표자료의 〈부록〉에서 고용 조사 목적, 대상, 항목, 시기 등을 제시하고 있습니다. 여기에는 주요 용어 설명도 덧붙여 있습니다. 그대로 인용하면 다음과 같습니다.

□ 주요 용어

1) 15세이상 인구: 조사대상월 15일 기준 만 15세 이상인 자

2) 경제활동인구
만 15세 이상 인구 중 조사대상기간 동안 상품이나 서비스를 생산하기 위하여 실제로 수입이 있는 일을 한 취업자와 일을 하지는 않았으나 구직활동을 한 실업자의 합계

3) 취업자
가. 조사대상주간에 수입을 목적으로 1시간 이상 일한 자
나. 동일가구내 가족이 운영하는 농장이나 사업체의 수입을 위하여 주당 18시간 이상 일한 무급가족종사자
다. 직업 또는 사업체를 가지고 있으나 일시적인 병 또는 사고, 연가, 교육, 노사분규 등의 사유로 일하지 못한 일시휴직자

4) 시간관련 추가취업가능자
실제 취업시간이 36시간미만이면서, 추가취업을 희망하고, 추가취업이 가능한 자

5) 실업자
조사대상주간에 수입 있는 일을 하지 않았고, 지난 4주간 일자리를 찾아 적극적으로 구직활동을 하였던 사람으로서 일자리가 주어지면 즉시 취업이 가능한 자

6) 비경제활동인구
만 15세 이상 인구 중 조사대상기간에 취업도 실업도 아닌 상태에 있는 자

7) 잠재취업가능자
비경제활동인구 중에서 지난 4주간 구직활동을 하였으나, 조사대상주간에 취업이 가능하지 않은 자

8) 잠재구직자
비경제활동인구 중에서 지난 4주간 구직활동을 하지 않았지만, 조사대상주간에 취업을 희망하고 취업이 가능한 자

9) 잠재경제활동인구 = 잠재취업가능자 + 잠재구직자

10) 확장경제활동인구 = 경제활동인구 + 잠재경제활동인구

11) 경제활동참가율(%) = (경제활동인구 ÷ 15세이상인구) × 100

12) 고용률(%) = (취업자 ÷ 15세이상인구) × 100

13) 실업률(%) = (실업자 ÷ 경제활동인구) × 100

14) 고용보조지표1(%)=(시간관련추가취업가능자+실업자) ÷ 경제활동인구 × 100

15) 고용보조지표2(%)=(실업자+잠재경제활동인구) ÷ 확장경제활동인구 × 100

16) 고용보조지표3(%)=(시간관련추가취업가능자+실업자+잠재경제활동인구) ÷ 확장경제활동인구 × 100

자료: 통계청

일주일에
한 시간만 일해도
취업자입니다

통계청은 고용통계에 대한 궁금증을 〈부록〉의 '자주하는 질문'에서 풀어줍니다. 몇 가지 예를 들면 다음과 같습니다.

→ 1주일에 1시간만 일해도 취업자인가요?

국제노동기구(ILO)에서는 수입을 목적으로 조사대상 주간(1주) 동안 1시간 이상 일한 사람을 취업자로 정의하고 있습니다. 일반적으로 취업자라고 하면 사업체에 출근하거나 자기사업을 하면서 주 5일 이상 일하는 사람을 떠올리기 쉬운데, ILO 기준에 따르면 근로형태를 가리지 않고 수입을 목적으로 1주 동안 1시간 이상 일했다면 모두 취업자라고 정의하고 있습니다.

→ 취업기준은 왜 1시간인가요?

기본적으로 경제활동인구조사는 경제정책에 필요한 거시경제지표를 만들어내는 통계조사이기 때문입니다. 한 나라의 총생산을 측정하기 위해서는 취업자수와 근로시간에 기초한 총노동투입량이 필요한데, 이를 계산하기 위해서는 수입을 목적으로 1시간 이상 수행된 모든 일이 파악되어야 합니다. 특히 고용상황이 변하면서 단시간 근로, 부정기 근로, 교대 근로 등 다양한 취업형태가 나타나고 있으므로 이러한 형태의 취업을 모두 포함하기 위해서는 수입을 목적으로 1시간 이상 일한 모든 사람을 취업자로 파악할 필요가 있습니다.

→ 학생이 아르바이트를 하면서, 입사원서도 냈다면 취업자인가요? 실업자인가요?

학교를 다니는 학생이므로 비경제활동인구이기도 하고, 아르바이트를 하고 있으므로 취업자의 정의에도 부합합니다. 또한 입사원서도 제출한 것으로 볼 때 구직활동을 수행한 실업자라고도 볼 수 있습니다. ILO에서는 이러한 복수의 활동상태를 가지게 되는 사람이 취업자, 실업자, 비경제활동인구 중 반드시 하나의 활동상태에만 배타적으로 귀속되도록 우선성 규칙(Priority rule)을 적용하도록 하고 있습니다.

우선성 규칙은 노동력조사에서 경제활동상태가 취업인 사람을 먼저 파악하고, 나머지 사람들 중에서 실업자를 파악한 뒤 마지막으로 남은 사람들을 비경제활동인구로 간주하는 규칙입니다.

그 결과 항상 취업자를 실업자와 비경제활동인구보다 우선적으로 파악하고, 실업자는 비경제활동인구보다 우선적으로 파악하게 되는 것입니다.

따라서 사례에서처럼 아르바이트를 했다면 그 사람이 학교를 다니고 있든지 또는 구직활동을 하고 있든지 여부와 상관없이 취업자가 되는 것입니다. 이 규칙 때문에 우리나라에 거주하는 15세 이상

모든 인구는 빠짐없이 취업자, 실업자, 비경제활동인구 중 하나의
활동상태를 가지게 됩니다.

고용률이 가장
중요한 지표입니다

아래 표는 최근 몇 년 동안은 고용동향입
니다. 2022년 기준으로 보면 우리나라
15세 이상 인구가 4천 526만 명입니다.
여기서 경제활동인구는 2천 892만 명이고 비경제활동인구는 1천
634만 명입니다. 경제활동 참가율(=경제활동인구/15세 이상 노동
가능인구)은 63.9%입니다.

고용통계에서 가장 중요한 지표는 고용률입니다. 예를 들면 박근
혜 정부에서 '747'을 경제정책 목표로 내세웠습니다. 앞의 7은 7%

표 6-1 ▶ **고용동향**

(단위: 천명)

	15세 이상 인구				비경제활동인구	경제활동참가율(%)	고용률(%)	실업률(%)
		경제활동인구						
			취업자	실업자				
2019년	44,504	28,186	27,123	1,063	16,318	63.3	60.9	3.8
2020년	44,785	28,012	26,904	1,108	16,773	32.5	60.1	4.0
2021년	45,080	28,310	27,273	1,037	16,770	62.8	60.5	3.7
2022년	45,260	28,922	28,089	833	16,339	63.9	62.1	2.9

자료: 통계청

대 경제성장, 뒤의 7은 고용률 70%였습니다. 참고로 4는 일인당 국민소득 4만 달러였습니다. 문재인 정부에서도 청와대에 고용상황판을 설치했는데, 거기에는 고용률이 제일 먼저 나와 있었습니다.

고용률(%) 15세 이상 노동가능인구에서 취업자가 차지하는 비중입니다. 2022년에 우리나라 고용률은 62.1%였습니다.

[표 6-1]에서 볼 수 있는 것처럼 2019~2022년 고용률이 61~62%로 70%를 훨씬 밑돌고 있습니다. 박근혜 정부 때 목표로 내세웠던 고용률 목표 70%는 경제협력개발기구(OECD) 기준입니다. OECD는 15세 이상 인구가 아니라 15~64세 인구를 분모에 넣고 고용률을

표 6-2 ▶ **고용률 추이**

	'21. 12월	'22. 9월	10월	11월	12월
고용률(%)	6.04	62.7	62.7	62.7	61.3
15~64세(OECD비교기준)	67.3	68.9	68.9	69.0	68.5
15~29세(청년층)	45.1	46.6	46.4	46.1	45.9
취업자(만명, 전년동월대비증감)	77.3	70.7	67.7	62.6	5.9
15~64세(OECD비교기준)	62.2	43.5	40.7	31.6	22.9
15~29세(청년층)	26.6	1.6	2.1	-0.5	-2.5
인구(만명, 전년동월대비증감)	29.0	16	15.4	13.7	12.6
15~64세(OECD비교기준)	-15.5	-28.3	-28.5	-29.9	-30.6
15~29세(청년층)	-16.0	-20.8	-20.4	-21.0	-21.1

자료: 통계청

계산합니다. 65세 이상 인구는 노동인구에서 제외한 셈입니다. 분모가 작아지다 보니 OECD 기준 고용률은 올라가게 됩니다. 실제로 2022년 OECD 기준 고용률은 68.5%로 일반 고용률(61.3%)보다 7.2% 포인트나 높습니다.

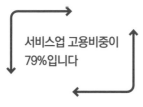

서비스업 고용비중이 79%입니다

통계청의 고용동향을 보면 어떤 산업에서 얼마나 고용을 창출하고 있는가가 나와 있습니다. 2022년 기준으로 보면 취업자 중 농림어업 비중이 5.4%, 제조업이 16.0%, 사회간접자본을 포함한 서비스업이 78.5%를 차지하고 있습니다. 고용 대부분이 서비스업에서 창출되고 있는 셈입니다.

취업자에서 제조업이 차지하고 있는 비중은 장기적으로 줄어들고 있습니다. 2004년에 제조업 비중이 18.5%였는데, 2015년 17.4%, 2022년에는 16.0%로 낮아졌습니다. 우리나라 산업에서 제조업 비중이 낮아지고 있습니다만, 제조업에서는 기계나 로봇이 고용을 대체하고 있다는 의미입니다.

최근 울산에 있는 공장 몇 군데를 방문한 적이 있었습니다. 대부분의 일을 기계나 로봇이 하는 것을 보았습니다. 사람들은 주로 연구개발이나 컴퓨터 통제하는 데 있었습니다. 앞으로 제조업 공장에

표 6-3 ▶ 산업별 고용동향 (단위: 천명)

	전체 취업자	농림 어업	광공업		사회간접자본 및 기타 서비스업						
				제조업		전기, 가스	수도, 하수 폐기물	건설업	도매 및 소매업	운수 및 창고업	숙박 및 음식점업
2019년	27,123	1,395	4,444	4,429	21,284	68	135	2,020	3,663	1,431	2,303
2020년	26,904	1,445	4,389	4,376	21,071	74	153	2,016	3,503	1,482	2,144
2021년	27,273	1,458	4,380	4,368	21,435	71	169	2,090	3,353	1,586	2,098
2022년	28,089	1,526	4,512	4,503	22,051	80	154	2,123	3,313	1,655	2,182
(비중, %)	100	5.4	16.1	16	78.5	0.3	0.5	7.6	11.8	5.9	7.8

자료: 통계청

서는 '사람 한 명과 개 한 마리만 있을 것이다'라는 농담이 있습니다. 사람은 개에게 밥을 주기 위해서 필요하고, 개는 주인이 졸다가 기계에 다치지 않을까 경계하기 위해서는 필요하다는 것입니다.

빌 게이츠는 로봇세를 도입하자고 주장하고 있습니다. 먼 훗일이겠지만 로봇이 일해서 부가가치를 창출하고 세금을 내서 우리에게 돈과 밥을 주는 시대가 올 수 있을지도 모르겠습니다.

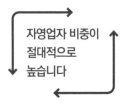

자영업자 비중이 절대적으로 높습니다

통계청의 고용동향에는 취업 종사자 지위에 따라 고용이 분류되어 있습니다. 2022년 기준으로 보면 전체 취업자 가운데 23.5%

표 6-4 ▶ 종사별 취업자 비중 비교

(단위: 천명)

	전체 취업자	비임금근로자				임금근로자			
			고용원있는 자영업자	고용원없는 자영업자	무급가족 종사자		상용	임시	일용
2019년	27,123	6,683	1,538	4,068	1,077	20,440	14,216	4,795	1,429
2020년	26,904	6,573	1,372	4,159	1,042	20,332	14,521	4,483	1,328
2021년	27,273	6,520	1,307	4,206	1,007	20,753	14,887	4,634	1,231
2022년	28,089	6,588	1,365	4,267	955	21,502	15,692	4,678	1,132
(비중, %)	100	23.5	4.9	15.2	3.4	76.5	55.9	16.7	4

자료: 통계청

가 비임금근로자이고 나머지 76.5%가 임금근로자입니다. 이 중에 자영업자가 20.1%를 차지하고 있습니다. 고용원이 없이 혼자 일하는 자영업자가 15.2%입니다.

취업장 가운데 자영업자 비중은 장기적으로 줄어드는 추세입니다. 우리는 1997년 외환위기를 겪었습니다. 당시 30대 재벌기업 가운데 11개가 해체될 정도로 우리는 뼈아픈 구조조정을 해야 했습니다. 기업이 사라지다 보니 많은 근로자들도 직장을 비자발적으로 떠나야 했습니다. 이들이 주로 자영업에 참여했습니다. 1998년 취업자 가운데 28.1%가 자영업자였습니다. 그러나 그 이후 자영업자 비중이 계속해서 하락하고 있습니다. 2015년에는 21.5%로 낮아졌고, 2022년에 20.1%로 더 떨어진 것입니다.

2022년 6월 기준으로 보면 자영업자 대출은 994조원으로 1000조
원에 근접하고 있습니다. 금리는 오르고 경기는 크게 개선될 여지
가 없는 상황이기 때문에 자영업의 어려움은 쉽게 해소될 가능성이
낮습니다. 자영업 비중이 더 낮아지는 추세가 이어질 것으로 보입
니다.

고용은 개별 가계에 중요할 뿐만 아니라 정
부나 중앙은행의 주요 정책 목표입니다. 특
히 미 연준의 통화정책 목표에는 고용극대
화가 들어있습니다. 고용 상황에 따른 연준의 통화정책 방향은 금
리나 환율에도 중요한 영향을 줍니다. 제가 한 신문에 기고한 글
(2023.2.10.일자 신문)로 한 예를 들어보겠습니다.

미국경제,
소비위축으로 고용절벽 올 수 있다

지난 1월 미국 비농업 부문에서 일자리가 51만 7000개 증가해 시장 예상치 (18만 8000개)를 크게 상회했으며 실업률은 3.4%로 54년 만에 최저치를 기록했다. 이 데이터가 발표된 후 국채수익률이 오르고 달러 가치가 상승했다. 그러나 소비가 위축될 경우 고용이 급격하게 감소하고 국채수익률과 달러 가치 하락 추세가 이어질 수 있다.

→ 소비 중심으로 경제성장 둔화 예상

국내총생산(GDP)은 민간소비, 투자, 정부지출, 수출입으로 구성된다. 지난해 미국 실질 GDP에서 소비가 차지하는 비중은 70.6%로 절대적으로 높다. 한국 46.9%, 일본 53.3%(2021년)와 비교해보면 상대적으로도 소비 비중이 높다. 2022년 미국경제가 2.1% 성장했는데, 소비의 경제성장 기여도가 1.9% 포인트였다. 소비가 정체되었으면 지난해 미국 경제성장률이 2.1%가 아니라 0.2%였을 것이라는 이야기이다.

그러나 2023년에는 소비 증가세가 크게 둔화하면서 경제성장률이 낮아질 전망이다. 그 근거는 다음과 같다.

첫째, 미국 가계의 일인당 실질 가처분소득이 줄어들고 있다. 2022년 말 실질 가처분소득이 45,491달러로 2021년 말에 비해서 2.2% 줄었다. 임금상승률이 물가 상승률에 미치지 못했기 때문이었다. 2002~2022년 통계로 분석해보면 실질 가처 분소득이 1% 줄어들면 실질 소비는 0.8% 감소한 것으로 나타났다.

둘째, 가계저축률이 급격하게 낮아지고 있다. 지난해 미국 가계저축률은 3.3%였 다. 이는 2000~2021년의 장기 평균인 6.7%의 절반 수준이고, 2005년 2.9% 이후 최저치이다. 소득은 감소했는데 소비는 증가했기 때문이다. 저축률이 이처럼 낮아졌 다는 것은 미국 가계가 저축해 놓은 돈을 많이 써버렸기 때문에 이제 소비지출을 늘 릴 여력이 크지 않다는 것이다. 가계저축률이 과거 평균 수준으로 접근하기 위해서 는 가계가 소비를 줄이거나 더 일하면서 소득을 올려야 한다. 두 가지 현상이 앞으로 같이 나타날 것이다. 가계가 소득을 늘리기 위해 일자리를 찾게 되면 실업률이 올라 갈 수 있다.

셋째, 자산가격 하락에 따른 역의 부의 효과(negative wealth effect)이다. 지난 해 주가가 급락했고 집값도 떨어지고 있다. 2022년 미국의 대표적 주가지수인 스탠 더드앤드푸어스(S&P) 500 지수가 19.4% 하락했다. 이에 따라 미국 가계의 금융자 산이 2021년 말 118조 1,436억 달러에서 지난해 3분기에는 107조 7,209억 달러 로 10조 달러 이상 줄었다. 집값도 지난해 6월을 정점으로 하락 추세로 접어들었다. 자산가격이 하락하면 부가 감소하기 때문에 가계는 소비를 줄이게 된다. 실질 가처 분소득, 실질 주가, 집값, 금리 등으로 구성한 소비함수를 추정해보면, 실질 S&P500 지수가 10% 떨어질 때 실질 소비는 0.4% 줄어든 것으로 나타났다.

넷째, 금리 인상의 소비에 대한 시차 효과이다. 미국 연방준비제도(연준)는

2022년 2월 0.00~0.25%였던 연방기금금리를 올해 1월에는 4.50~4.75%로 급격하게 인상했다. 지난해 3분기 미국 가계 부채가 가처분소득에서 차지하는 비중이 102.9%로 2021년 1분기 88.4%보다 큰 폭으로 늘었다. 같은 기간에 가처분소득 가운데 원리금 상환비율이 8.4%에서 9.6%로 증가했다. 금리가 오르면 부채에 대한 원리금 상환 부담이 늘어 소비할 돈이 줄어든다. 그러나 시차가 있다. 소비지출 계획을 당장 바꿀 수 없기 때문이다. 2010년 이후 통계로 분석해보면 금리 인상은 1년 정도의 시차를 두고 소비를 가장 크게 감소시키는 것으로 나타났다. 지난해 3월부터 인상된 금리가 올해 2분기부터 소비 감소로 나타날 수 있다는 이야기이다.

→ 소비 위축으로 경제성장률 하락, 고용 감소 예상

최근 블룸버그 컨센서스(2023.2.1.)에 따르면 올해 예상되는 미국 경제성장률은 0.5%이다. 뱅크오브아메리카(Bank of America) 등 일부 금융회사들은 올해 미국경제가 마이너스 성장(−0.3%)을 할 수도 있다고 전망하고 있다. 미국 GDP의 70.6%를 차지하고 있는 소비가 앞에서 살펴본 이유로 줄어들 수 있기 때문이다.

미국 경제지표는 탄력성이 매우 높다. 2020년 코로나19로 경제가 급격하게 위축되었다. 특히 2020년 2분기에는 실제 GDP가 잠재 GDP보다 10.4%나 급락했다. 그러나 과감한 재정 및 통화정책으로 경제가 급격하게 회복되면서 2021년 4분기에는 실제 GDP가 잠재 수준을 0.5% 넘어섰다. 고용은 더 탄력적이다. 2020년 3~4월에 비농업 부문의 고용이 2,194만 개 감소했다. 그 이전 10년 동안 증가했던 일자리가 단 2개월 사이에 없어진 셈이다. 그러나 경기 회복으로 2020년 5월에서 2023년

1월 사이에 고용이 2,464만 개나 증가했다.

소비 감소로 경제성장률이 떨어지고 동시에 고용이 크게 위축될 수 있다. 금리 인상의 시차 효과를 고려하면 올해 2분기부터 그런 현상이 나타날 수 있다.

시장과 연준의 괴리 축소 예상

지난해 4분기 이후 시장과 연준 사이에 미국경제 전망에 대한 괴리가 확대하고 있다. 우선 외환시장과 연준의 경제 전망에 대한 차이가 크다. 지난해 10월 이후 달러 가치가 큰 폭으로 하락하고 있다. 2022년 9월 말 114까지 올라갔던 주요 선진국 통화에 대한 달러 지수가 최근에는 102 안팎까지 떨어졌다. 단기에 달러 가치가 10% 이상 하락한 셈이다. 외환시장은 5% 안팎의 기준금리에서 미국경제가 지탱할 수 없을 것이라고 본다는 의미이다. 조만간 연준이 금리를 인하하고, 이에 따라 미국으로 자금 유입이 줄어들 것을 기대하면서 달러 가치가 하락하고 있다는 얘기이다.

채권시장도 마찬가지이다. 지난해 10월 4.2%까지 올랐던 10년 만기 국채수익률이 올해 들어서는 3.5%까지 하락했다. 장기금리에는 미래의 경제성장률과 물가상승률이 내포되어 있다. 장기금리가 떨어진다는 것은 앞으로 경제성장률 혹은 물가상승률이 하락할 것을 의미한다.

이런 시장의 기대와는 달리 연준은 앞으로 몇 차례 더 금리를 인상하고, 올해 내에는 금리 인하가 없을 것이라고 주장한다. 시장의 기대와 연준의 괴리가 어떻게 좁혀질 것인가. 그에 대한 답은 미국의 소비에 있다.

연준의 통화정책 목표는 물가안정과 고용 극대화이다. 지난해 소비자물가상승률이 8%로 매우 높고 고용이 지속적으로 늘었기 때문에 금리를 과감하게 인상할 수밖에 없었다. 그 배경에는 소비가 있었다. 소비 증가로 실제 GDP가 잠재 GDP를 넘어서면서 수요 측면에서 물가상승 압력이 있었고 고용도 증가할 수 있었다. 그러나 이 과정에서 가계의 실질소득은 줄고 가계저축률은 크게 낮아졌다. 가계의 금리 부담 증가로 소비 여력도 줄고 있다. 자산가격 하락으로 역의 부의 효과도 기대된다. 올해 소비가 줄고 실제 GDP가 잠재 수준 밑으로 떨어지면서 물가상승 압력이 낮아질 것이다. 소비가 위축되면 기업 매출과 이익이 감소하면서 기업은 고용을 줄이게 될 것이다.

래리 서머스 전 미국 재무장관은 최근 블룸버그TV에서 미국의 고용이 '상방 쇼크'를 기록한 이후 "경제가 '서든 스톱(sudden stop, 급정거)' 상황에 직면할 수 있다"고 경고했다. 미국 기업들이 특정 시점에 '인력과 재고가 너무 많다'고 느껴 서든 스톱을 할 수도 있다는 이야기이다.

소비가 위축되면 시장과 연준의 경제에 대한 인식의 괴리는 줄 것이다. 올해 2~3분기가 그 분기점이 될 전망이다. 소비가 줄면 외환시장이나 채권시장이 기대하는 것처럼 연준은 올해 4분기부터 연방기금금리를 내릴 것이다. 그렇게 되면 예상보다 높은 1월의 고용 증가로 반등했던 달러 가치와 국채수익률이 다시 하락 추세를 이어갈 전망이다.

인플레이션

2022년
세계경제가 3고에
시달렸습니다

2022년 언론에 '3고'라는 단어가 참 많이 나왔습니다. 3고란 세 가지가 높다는 것인데, 그것은 '고물가, 고금리, 고환율'이었습니다. 이중 가장 중요한 것이 고물가였습니다. 2022년 우리나라 소비자물가상승률이 5.1%로 우리 경제가 외환위기를 겪었던 1998년(7.5%) 이후 최고치를 기록했습니다. 2022년 미국 소비자물가상승률은 8.0%로 우리보다 더 많이 올랐습니다. 특히 2022년 6월에는 미국 소비자물가가 전년동월비 9.1%나 상승하면서 40년 4개월(1981년 11월 9,6%)만에 최고치를 기록할 정도였습니다.

물가가 이렇게 오르다 보니 각국 중앙은행은 금리를 올릴 수밖에 없었습니다. 중앙은행 통화정책의 가장 중요한 목적이 물가안정이기 때문입니다. 그래서 미국의 중앙은행인 연방준비제도(연준)는 우리나라 기준금리에 해당하는 연방기금금리를 2022년 2월 0.00~0.25%에서 2023년 2월에는 4.50~4.75%로 크게 올렸습니다. 한국은행도 기준금리를 2022년 7월 0.50%에서 2023년 1월에는 3.50%까지 인상했습니다. 고물가 다음에 고금리가 온 것입니다.

돈이라는 게 눈이 있다고 합니다. 미국 연준이 금리를 급격하게 올리다 보니 돈이 미국으로 몰려들 것이라는 기대로 달러 가치가 많이 오른 것입니다. 그 반대로 우리 원화 가치는 많이 떨어졌습니다. 원/달러 환율이 크게 올랐다는 의미입니다. 2022년 10월에 원/달러 환율이 1,440원까지 상승하면서 2009년 2월 이후 최고치를 기록했습니다. 이를 고환율이라 불렀던 것입니다.

2022년 하반기 이후 물가상승률이 낮아지면서 삼고 현상이 서서히 완화하고 있습니다. 이 장에서는 3고의 원인이었던 물가에 기본 개념과 물가와 경기의 관계에 대해서 살펴보겠습니다.

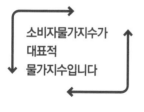

소비자물가지수가
대표적
물가지수입니다

물가가 지속적으로 상승하는 현상을 인플레이션(inflation)이라 합니다. 반대로 디플레이션(deflation)은 물가가 계속 하락하는 경제 현상입니다. 이 사이에 디스인플레이션(disinflation)이 있습니다. 물가가 완만하게 오를 때 사용하는 단어입니다. 이 외에 물가 관련 용어로 스태그플레이션(stagflation)이라는 용어도 있습니다. 원자재 가격 등이 오르면서 물가상승률은 높아지는데 경제성장률은 하락할 때 쓰는 용어입니다.

물가가 얼마나 올랐는지를 보기 위해 각국 정책 당국은 물가지수를 작성합니다. 대표적 물가지수로 생산자물가지수, 소비자물가지수, GDP 디플레이터 등이 있습니다. 이 중에서 소비자물가지수가 가장 중요합니다. 소비자물가지수는 소비자가 구입하는 상품과 서비스의 가격 변동을 측정하기 위한 지표로 국민의 일상생활에 직접 영향을 주는 가장 중요한 경제지표이기 때문입니다.

또한 한국은행이 통화정책을 운용할 때 물가안정을 가장 중요한 목표로 내세우고 있습니다. 한국은행은 「한국은행법」 제6조 제1항에 의거 정부와 협의하여 물가안정목표를 설정하고 있습니다. 2019년 이후 물가안정목표는 소비자물가 상승률(전년동기대비) 기준 2%입니다. 한국은행은 중기적 시계에서 소비자물가 상승률이 물가안정목표에 근접하도록 통화신용정책을 운영합니다.

소비자물가지수는 특정 기간의 '생활비'를 측정하는 척도입니다

소비자물가지수(CPI)는 동일한 재화와 서비스 묶음의 특정 시점에서의 구입비용을 상대적으로 측정한 것입니다. 쉽게 설명하겠습니다. A라는 사람이 2015년에 2개의 방이 있는

표 7-1 ▶ 소비자물가지수 작성 예시

2015년 지출	2015년의 월 지출액
월세(방 2개 아파트)	1,000,000원
비빔밥(60그릇, 각 8,000원)	480,000원
영화티켓(10장, 각 6,000원)	60,000원
스웨터(4벌, 각 25,000원)	100,000원
총 지출액	1,640,000원

2020년 지출	2020년의 월 지출액
월세(방 2개 아파트)	1,300,000원
비빔밥(60그릇, 각 10,000원)	600,000원
영화티켓(10장, 각 9,000원)	90,000원
스웨터(4벌, 각 30,000원)	120,000원
총 지출액	2,110,000원

CPI = 2,110,000 / 1,640,000 = 1.29

아파트에 거주하면서 월세를 100만 원 지불했습니다. 여기다가 식사 비용 매월 48만 원, 영화 보는데 6만 원, 옷 구입에 10만 원을 썼다고 가정해봅니다. 설명을 위해서 매우 단순한 가정을 해본 것입니다. 이를 합하면 A씨는 매월 164만 원을 지출했습니다.

그런데 2020년에 모든 가격이 올랐습니다. 예를 들면 2015년에 100만 원이었던 한 달 월세가 2020년에 130만 원으로 상승했다고 가정해봅니다. 이 외에 [표 7-1]에서 보는 것처럼 밥값, 영화 티켓, 스웨터 가격이 올랐다고 해봅니다. 그러면 2015년과 같은 양의 소비를 하는데, 지출금액은 2020년 211만 원으로 증가했습니다. 지출액이 164만 원에서 211만 원으로 29% 상승한 것입니다. 이 경우 소비자물가지수가 29% 상승했다고 합니다. 소비자물가지수는 같은 양의 재화와 서비스를 소비하는데 지출이 얼마나 늘었는가를 나타내주는 지표인 것입니다.

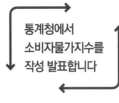
통계청에서
소비자물가지수를
작성 발표합니다

우리나라는 매월 초 통계청에서 소비자물가지수를 발표합니다. 통계청 홈페이지의 보도자료에서 소비자물가를 입력하면 다음과 같은 화면이 나옵니다.

자료: 통계청

    통계청은 매월 소비자물가를 발표하는 보도자료의 시작 부분에서 물가동향을 아래와 같은 그림으로 요약해줍니다. 2022년 12월에 소비자물가가 전년동월에 비해 5.0% 상승했습니다. [그림 7-1]을 보면 '농산물 및 석유류 제외지수' 등 여러 가지 물가지수가 나옵니다. 소비자물가지수는 어떻게 작성하며 각 지수의 의미는 무엇인지에 대해서 설명드리겠습니다.

그림 7-1 ▶ 통계청 보도자료

소비자물가지수 주요 등락률 추이

(%)

		연도별 동향(전년비)			최근 월별 동향(전년동월비)			
					2022년			
		2020년	2021년	2022년	9월	10월	11월	12월
소비자물가지수		0.5	2.5	5.1	5.6	5.7	5.0	5.0
농산물 및 석유류 제외지수		0.7	1.8	4.1	4.5	4.8	4.8	4.8
식료품 및 에너지 제외지수		0.4	1.4	3.6	4.1	4.2	4.3	4.1
생활물가지수		0.4	3.2	6.0	6.5	6.5	5.5	5.7
신선식품지수		9.0	6.2	5.4	12.8	11.4	0.8	1.1
품목성질별	농축수산물	6.7	8.7	3.8	6.2	5.2	0.3	0.3
	공업제품	−0.2	2.3	6.9	6.7	6.3	5.9	6.1
	전기·가스·수도	−1.4	−2.1	12.6	14.5	23.1	23.1	23.2
	서비스	0.3	2.0	3.7	4.2	4.2	4.1	4.0

자료: 통계청

소비자물가에는 458개 품목의 물가가 들어있습니다

보도자료의 마지막 부분에 있는 〈부록〉에서 통계청은 소비자물가지수를 어떻게 작성하고 있는지를 자세히 설명해주고 있습니다.

통계청은 2023년 1월 현재 서울, 부산, 대구, 광주 40개 지역에서 456개의 상품 및 서비스 품목을 대상으로 소비자물가지수를 작성하고 있습니다. 앞의 단순한 예시에서 4개만 예시했는데 실제 대상 품목은 456개에 이르고 있는 것입니다. [표 7-2]는 2022년 12월 지출목적별 품목 수와 가중치뿐만 아니라 등락률 및 기여도가 표시되어 있습니다.

대상 품목은 항목별 월평균 소비지출액이 전체 월평균 소비지출액의 1/10,000 이상인 항목으로서, 그 항목에 해당하는 상품군의 가격 흐름을 대표할 수 있고, 시장에서 가격조사를 지속적으로 수행할 수 있는 상품을 선정합니다.

가중치는 다음과 같이 결정합니다. 소비자물가 조사대상 대표품목의 가격 변동을 종합할 때 단순평균하게 되면 소비생활에 미치는 영향이 품목마다 서로 다른 점이 반영되지 않습니다. 예를 들어 쌀 가격이 10% 상승했을 때와 전기료가 10% 상승했을 때 가계의 소비생활에 미치는 영향이 같지 않을 것입니다. 이러한 점을 반영하기 위해, 각 품목이 가구의 소비지출에서 차지하는 비중을 가중치

표 7-2 ▶ 지출목적별 등락률 및 기여도

(2020=100, %, %p)

지출목적별 부문	품목수	가중치	지수	등락률		기여도	
				전월비	전년동월비	전월비	전년동월비
〈총지수〉	458	1,000.0	109.28	0.2	5.0	0.16	5.04
식료품 및 비주류음료	140	154.5	113.49	1.0	5.2	0.15	0.84
주류 및 담배	7	16.5	103.09	0.0	2.7	0.00	0.04
의류 및 신발	25	48.6	107.56	0.2	5.7	0.01	0.27
주택, 수도, 전기 및 연료	15	171.6	110.77	0.1	7.1	0.02	1.22
가정용품 및 가사서비스	50	53.9	108.95	0.5	4.4	0.03	0.24
보건	34	87.2	101.07	0.0	1.4	0.00	0.11
교통	33	106.0	113.35	-1.8	3.6	-0.20	0.40
통신	6	48.4	100.69	0.0	1.1	0.00	0.05
오락 및 문화	47	57.5	104.96	0.8	4.1	0.04	0.23
교육	20	70.3	102.75	0.2	1.6	0.01	0.11
음식 및 숙박	44	131.3	113.86	0.6	8.2	0.08	1.09
기타상품 및 서비스	37	54.2	111.18	0.5	8.1	0.03	0.44

자료: 통계청

로 하여 가중평균함으로써, 소비자물가지수에 소비지출규모와 비례하는 영향을 주도록 하고 있습니다. 품목별 가중치는 가계동향조사의 소비지출항목을 기초로 품목별 매출액, 생산액 및 행정자료 등을 통해 산출합니다. 소비자물가 대상 품목과 가중치는 보통 5년마다 변경합니다. 기간에 따라 가계의 소비 형태가 달라지고 지출 내용도 변하기 때문입니다.

통계청에서 소비자물가지수 외에 다양한 지수를 작성하여 발표한다. 주요 지수를 요약하면 다음과 같습니다. 이것도 통계청의 보도자료를 그대로 인용한 것입니다.

▶ **농산물 및 석유류 제외지수**   계절적인 요인이나 일시적인 충격에 의한 물가 변동분을 제외하고 장기적인 추세를 파악하기 위해 곡물 외의 농산물과 석유류 품목을 제외한 401개 품목으로 작성한 지수

▶ **식료품 및 에너지 제외지수**   농산물과 석유류 외에도 축산물, 수산물, 가공식품, 전기, 지역난방비 등의 품목을 제외한 309개 품목으로 작성한 지수

▶ **생활물가지수**   체감물가를 설명하기 위해 구입 빈도가 높고 지출 비중이 높아 가격변동을 민감하게 느끼는 144개 품목으로 작성한 지수

▶ **신선식품지수**   신선 어개·채소·과실 등 기상조건이나 계절에 따라 가격변동이 큰 55개 품목으로 작성한 지수

▶ **지출목적별분류지수**   소비지출의 목적에 따라 분류하여 작성한 지

수(12개 대분류)

▶ **품목성질별지수** 품목 성질(농축수산물, 공업제품 등)로 구분하여
작성한 지수

▶ **자가주거비포함지수** 자가주거비*를 소비자물가지수에 포함한 지수

이러한 여러 지수 중에서도 농산물 및 석유류 제외지수가 중요합
니다. 소비자물가지수에서 이를 제외한 것은 농산물이나 석유류 가
격 변동이 다른 상품이나 서비스에 비해서 가격 변동이 크기 때문
입니다. 이들 상품은 공급이 비탄력적이기 때문에 수요 변동에 따
라 가격이 오르고 내리는 폭이 큽니다. 예를 들어 보겠습니다. 계란
의 수요가 늘어서 가격이 크게 올랐습니다. 계란 공급을 늘리면 가
격이 하락하겠지요. 그러나 계란 공급을 늘리기 위해서는 부화하는
시간이 필요하고 암탉까지 성장하는 시간이 요구됩니다. 당장 공급
을 늘릴 수 없기 때문에 수요가 늘 때 이런 상품 가격은 급등할 수
있는 것입니다.

소비자물가지수에서 농산물 및 석유류 제외지수를 흔히 근원물

....

* 자신의 소유주택을 주거 목적으로 사용하여 얻는 서비스에 대해 지불한 비용으로 소유 주
  택과 유사한 주택을 임차(賃借)할 경우 지불할 것으로 예상되는 비용을 측정

그림 7-2 ▶ 한국 소비자물가 상승률 추이

자료: 통계청

가지수라 합니다. [그림 7-2]는 우리나라 소비자물가와 근원물가상
승률 추이를 보여줍니다. 여기서 근원물가가 상대적으로 더 변동성
이 작다는 것을 알 수 있습니다. 각국 중앙은행도 통화정책을 운용
할 때 근원물가를 더 중시합니다.

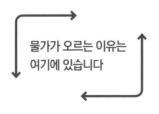

물가가 오르는 이유는
여기에 있습니다

인플레이션의 원인을 수요와 공급 측
면에서 찾아볼 수 있습니다. 우선 수요
견인형 인플레이션(demand-pull

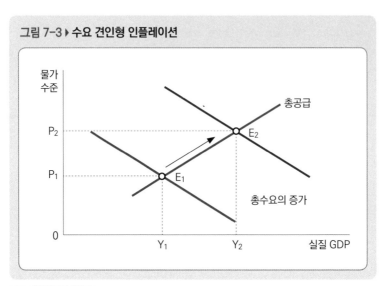

그림 7-3 ▸ 수요 견인형 인플레이션

물가
수준

총공급

P₂ .... E₂

P₁ ...... E₁

총수요의 증가

0   Y₁   Y₂   실질 GDP

자료: 내일희망경제연구소

inflation)부터 살펴보겠습니다. [그림 7-3]에서 볼 수 있는 것처럼 한 나라 경제의 총수요 곡선이 우측으로 이동할 때 물가가 오르게 됩니다.

그렇다면 총수요 곡선을 우측으로 이동시키는 요인은 무엇일까요? 지출 측면에서 국내총생산(GDP)를 구성하는 요소는 소비(C), 투자(I), 정부지출(G), 수출입 차이(X-M)입니다. 3장의 GDP 개념에서 자세히 설명드렸습니다만, 'Y=C+I+G+X-M'이라는 항등식입니다. 금리가 낮아지면 소비와 투자가 늘면서 총수요 곡선이 우측으로 이동합니다. 정부가 지출을 늘리거나 수출이 늘어나면 역시

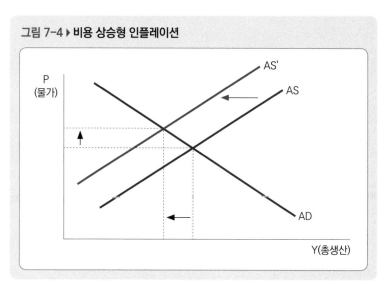

그림 7-4 ▶ 비용 상승형 인플레이션

자료: 내일희망경제연구소

수요 곡선이 오른쪽으로 이동하면서 물가가 상승합니다.

　수요 측면에서 물가가 상승할 때는 경제성장률도 같이 올라갑니다. [그림 7-4]에서 GDP도 Y1에서 Y2로 증가합니다.

　이와는 달리 공급 측면에도 인플레이션이 발생할 수 있습니다. 바로 비용 상승형 인플레이션(cost-push inflation)입니다. 이 경우는 한 나라 경제의 총공급 곡선이 우측으로 이동할 때 발생합니다. 예를 들면 원자재 가격, 임금, 유통비용, 부동산 임차료 등이 상승하면 공급 곡선이 우측으로 이동하면서 물가가 오릅니다.

비용상승형 인플레이션일 경우
정책 수단에 한계가 있습니다

수요 견인형과 비용 상승형 인플레이션의 경우 경제에 매우 중요한 차이가 있습니다. 수요 견인형 인플레이션이 발생할 경우에는 물가가 상승하고 경제성장률도 같이 올라갑니다. 그러나 비용 상승형 인플레이션일 경우는 물가가 오르지만 경제성장률은 떨어집니다. 이때 스태그플레이션* 현상이 발생할 수 있습니다.

물가를 잡기 위한 정책 수단이나 효과도 다릅니다. 수요 견인형 인플레이션이 발생한 경우 재정이나 통화정책을 긴축적으로 운용하면 됩니다. 정부가 지출을 줄이고 세금을 더 걷으면 총수요 곡선이 좌측으로 이동합니다. 중앙은행이 금리를 인상하는 등 통화정책을 긴축적으로 운용하면 소비와 투자가 줄어 역시 수요 곡선이 좌측으로 이동하면서 물가상승률이 낮아집니다. 또한 금리를 올리면 그 나라 통화가치가 상승하면서 수출이 줄고 수요 곡선이 좌측으로 이동합니다.

그러나 비용 상승형 인플레이션이 발생할 경우 중앙은행은 물가상승률이나 경제성장률 둘 중 하나는 희생해야 합니다. 물가를 내

---

* 경제불황 속에서 물가상승이 동시에 발생하고 있는 상태이다.
경기침체를 의미하는 '스태그네이션(stagnation)'과 물가상승을 의미하는 '인플레이션 (inflation)'을 합성한 신조어.

리기 위해서 중앙은행이 금리를 인상하면 소비, 투자, 수출이 줄어들면서 총수요 곡선이 좌측으로 이동합니다. 이 경우 물가상승률은 낮아지지만, 이미 떨어진 경제성장률은 더 떨어지고 심지어는 경제가 심각한 침체에 빠질 수도 있습니다. 반면에 낮아질 경제성장률을 올리기 위해서 통화정책을 팽창적으로 운용하면 물가상승률은 훨씬 더 높아집니다.

경기확장국면에서 물가가 오릅니다

2022년 세계경제의 화두는 '3고'(고물가, 고금리, 고달러)였습니다. 물가가 오르니 각국 중앙은행 특히 미국의 연방준비제도(연준)는 금리를 인상할 수밖에 없었습니다. 돈이라는 게 눈이 있다고 합니다. 미국이 금리를 급하게 올리다 보니 돈이 미국으로 몰려들 것이라는 기대가 작용하면서 달러 가치가 급등했습니다. 그래서 '킹 달러'라는 단어가 언론에 자주 나왔습니다.

그러나 금리 인상으로 미국의 소비가 위축되면서 물가상승률이 낮아지고 있습니다. 물가상승률이 낮아지니 시장금리가 떨어지기 시작했습니다. 미국의 금리 하락으로 달러 가치도 떨어지고 있습니다.

이러한 관계를 글로 써서 제가 한국개발원(KDI)의 경제정보센

내년 화두는 인플레이션보다 경기침체

2022년 세계경제는 고물가, 고금리, 고환율의 '삼고(三高)'로 진통을 겪었다. 삼고의 원인은 당연 미국의 고물가다. 2022년 6월 미국의 소비자물가가 전년 동월에 비해 9.1%나 상승했다. 1981년 11월 9.6% 상승 이후 40년 4개월 만에 최고치였다. 물가가 이렇게 오르니 미국 연준은 금리를 과감하게 인상할 수밖에 없었다. 미국의 금리 상승은 달러화 가치 상승을 초래했다.

삼고 현상이 어떻게 해소될 것인가? 미국의 실질금리에서 그 답을 찾을 수 있다. 실질금리란 명목금리에서 물가상승률을 뺀 것으로 플러스 상태가 정상이다. 명목금리가 물가상승률보다 높아야 가계가 저축을 하기 때문이다. 그런데 미국의 10년 국채수익률에서 소비자물가 상승률을 차감한 실질금리가 2019년 8월부터 마이너스로 돌아섰고, 2022년 3월에는 -6.4%로 사상 최저치를 기록했다. 지극히 비정상적인 상황이다.

수요 위축, 통화공급 둔화, 유가 하락, 금리인상 등으로 물가상승률 상당 폭 낮아질 전망

실질금리가 정상화하기 위해서는 명목금리가 상승하거나 물가상승률이 낮아져야 한다. 이 과정에서 미국의 금리가 오르고 있다. 2020년 3월 0.54%로 사상 최저치를 기록했던 미국의 10년 국채수익률이 2022년 10월에 4.24%까지 상승했다. 그런데도 실질금리는 10월 기준 -3.8%로 아직도 큰 폭의 마이너스 상태에서 벗어나지 못하고 있다. 금리가 더 올라야 한다는 의미다.

그런데 미국 금리는 이미 적정 수준에 근접하고 있다. 미국의 10년 국채수익률은 장기적으로 명목 GDP 성장률과 유사한 추이를 보였다. 실제로 1970~2021년 연평균 국채수익률은 6.1%로, 같은

기간 연평균 GDP 성장률 6.2%와 거의 같은 수준이었다.

미국 의회 추정에 따르면 2022년 미국의 잠재 명목 성장률은 4% 정도다. 국채수익률의 적정 수준이 4% 정도일 것이라는 이야기인데, 10월 들어서 4.24%까지 상승했다. 그러나 아직도 실질금리는 큰 폭의 마이너스 상태에 머물고 있다. 실질금리가 플러스로 전환하기 위해서는 물가상승률이 낮아져야 한다. 물가상승률이 4% 이하로 떨어져야 실질금리가 플러스로 전환할 수 있는 것이다.

미국의 소비자물가 상승률이 2022년 6월 9.1%를 정점으로 꺾이고 있지만, 10월 상승률도 7.7%로 떨어지는 속도는 매우 완만하다. 그러나 2023년에는 물가상승률이 상당 폭 낮아질 전망이다. 그 이유를 네 가지 측면에서 찾아볼 수 있다.

첫째, 수요가 위축되고 있다. 코로나19로 2020년 2분기에는 실제 GDP가 미국 의회가 추정한 잠재 GDP에 비해 10.4%였던 것이다. 그 이후 정책 당국의 과감한 재정 및 통화 정책으로 경기가 빠른 속도로 회복돼 2021년 4분기 GDP 갭은 플러스 0.5%를 기록했다. 그러나 2022년 들어 GDP 갭이 마이너스로 돌아섰다. 지난 11월 블룸버그 컨센서스에 따르면 2023년 미국의 경제성장률 전망치는 0.4%다. 이 경우 2023년에는 GDP 갭이 -3% 정도로 확대된다. 수요 측면에서 물가상승 압력이 사라질 것이라는 이야기다.

둘째, 통화가 적정 수준보다 덜 공급되고 있다. 연준은 코로나19에 따른 극심한 경기침체를 극복하기 위해서 통화공급을 크게 늘렸다. 2020년 2분기에서 2021년 1분기 사이에는 실제 광의통화(M2) 증가율이 피셔 방정식에 따른 적정 통화증가율(실질 GDP 성장률+물가상승률)보다 25.7%p나 높았다. 그러나

2022년 1분기에는 M2 증가율이 적정 수준보다 낮아졌고 3분기에는 -6.4%p로 마이너스 폭이 더 커졌다. 이러한 통화공급 변화가 소비자물가 상승률에 5분기 정도 선행했다. 연준의 급격한 통화정책의 방향 전환은 물가상승률을 낮출 것이다. 셋째, 원자재 가격 특히 유가가 하락하고 있다. 2021년 배럴당 67/9달러(연평균)였던 서부텍사스산(WTI) 원유 가격이 2022년 6월에는 120달러를 넘어섰다. 그러나 그 이후 유가가 급락하면서 9월에는 일시적으로 80달러 밑으로 떨어졌다. 2000년 1월에서 2022년 9월 통계를 분석해 보면 유가상승률이 물가상승률에 1개월 선행(상관계수 0.77)하는 것으로 나타났다. 2023년에도 유가는 하향 안정세를 보일 가능성이 높다. 세계경제가 침체에 빠질 가능성이 높기 때문이다.

넷째, 금리인상은 시차를 두고 소비와 물가상승률 하락 요인으로 작용했다. 2010년 이후 통계로 분석해 보면 금리가 상승했을 때 소비가 감소하는 것으로 나타났고, 그 효과는 1년 후에 가장 컸다. 물가상승률도 금리인상 이후 3개월 후부터 낮아졌으며, 역시 1년 정도 시차를 두고 그 영향이 가장 크게 나타났다. 2022년 3월부터 연준이 금리를 급격하게 인상하고 있는데, 그 효과가 2023년 초부터 본격적으로 나타날 것이다. 이제 남은 문제는 물가상승률 둔화

지난 11월 2일 미국 뉴욕증권거래소에서 제롬 파월 미국 연장의장의 기자회견 영상이 나오고 있다. 파월 의장은 이날 기준금리를 0.75%p 인상한다고 발표했다. ⓒ연합뉴스

속도다. 지난 11월 블룸버그 컨센서스에 따르면 미국 소비자물가 상승률은 2023년 1분기에 5.9%로 낮아지고, 4분기에는 3.0%로 떨어진다. 물가에 선행하는 주가가 크게 하락하는 것을 보면 그 속도가 더 빨라질 수 있다.

연준의 금리인상 사이클은 마무리될 것으로 보여

연준은 물가를 잡기 위해 2022년 2월 0.00~0.25%인 연방기금금리를 11월에는 3.75~4.00%까지 급격하게 인상했다. 그러나 머지않아 금리인상 사이클이 마무리될 가능성이 높다. 연준이 기준금리를 결정할 때 참조하는 지표 가운데 하나가 '테일러 준칙'이다. 이는 실제와 잠재 GDP 차이와 실제와 목표 물가상승률 차이를 참조해 적정금리 수준이 2022년 2분기부터 계속 낮아지고 있다. GDP 갭률이 마이너스로 돌아서고 물가상승률도 떨어지고 있기 때문이다. 과거 통계를 보면 테일러 준칙으로 추정한 적정금리 수준이 낮아질 때 연준은 금리인상을 중단했거나 기준금리를 인하했다.

2022년 들어 10월까지 주요 선진국 통화 대비 달러화 가치를 나타내는 달러지수는 18% 정도 급등했다. 달러화 가치가 이처럼 상승한 이유는 연준의 급격한 금리인상에 있다. 러시아와 우크라이나 전쟁에 따른 안전자산 선호 현상도 달러화 가치 상승요인으로 작용했다.

그러나 달러화 가치 상승세가 지나치다. 국제결제은행(BIS)이 매월 발표하는 주요국의 실질실효환율에 따르면 달러화 가치는 2022년 10월 34%나 과대평가됐다. BIS가 이 지표를 작성해서 발표하기 시작한 2000년 이후 최고치다. 미국의 물가상승률이 낮아지면 연준이 금리인상을 멈출 것인데, 그때 가서는 과대평가된 달러화 가치가 제자리를 찾아가는 과정에서 하락할 가능성이 높다.

미국의 물가상승률 둔화로 금리도 낮아지고 달러화 가치도 하락하면서 '삼고'가 마무리될 것이다. 그러나 물가상승률 하락은 수유 위축에 따른 경기침체를 동반한다. 2023년 미국을 포함한 글로벌경제의 화두는 인플레이션보다 경기침체일 것이다.

터에서 발행하는 '나라경제'라는 월간지(2022.12)에 기고했습니다. 물가를 잡기 위한 연준의 급격한 금리인상이 결국은 경기침체를 초래할 것이라는 내용입니다.

물가보다 선행지수가 더 빨리 증가할 때 주가가 오릅니다

물가와 경기를 보면 주가도 볼 수 있습니다. 2장에서 설명드렸습니다만, 경기를 예측하는 데 가장 유용한 변수 가운데 하나가 통계청에서 매월 발표하는 선행종합지수입니다. 이 지수가 증가하면 시차를 두고 경기가 회복됩니다. 그러나 선행지수 증가 초기에 실제 경기는 침체국면에 있기 때문에 물가상승률은 낮아집니다. 그러나 이때부터 주가가 상승하기 시작합니다.

반대로 경기 확장국면 후반에서는 선행지수 증가율은 낮아집니다. 그러나 이 국면에서 수요가 크게 증가하기 때문에 물가상승률은 높아집니다. 이런 시기에 중앙은행은 물가안정을 위해서 금리를 올리게 됩니다. 금리 상승이 주가 하락 요인으로 작용합니다.

[그림 7-5]에는 선행지수와 소비자물가 상승률의 차이와 코스피(전년동월대비 상승률) 추이가 나타나 있습니다. 선행지수 증가율이 물가상승률보다 상대적으로 더 높을 때 주가가 상승합니다.

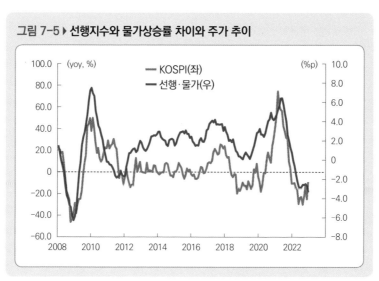

그림 7-5 ▶ 선행지수와 물가상승률 차이와 주가 추이

자료: 통계청, 한국거래소

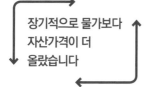

장기적으로 물가보다
자산가격이 더
올랐습니다

일본의 경우를 제외하면 대부분 국가에
서 물가는 장기적으로 상승해왔습니다.
예를 들면 2000년 1월에서 2022년 12월
까지 미국의 소비자물가가 월평균 2.5% 상승했습니다. 이 기간에
어떤 자산 가격이 가장 많이 올랐을까요? 금값이 가장 많이 상승했
습니다. 같은 기간에 금값이 월평균 9.5%나 올랐습니다. 그 다음이
주가지수(S&P500, 배당 제외 6.4%), 주택가격(20대 도시, 5.3%),
국채 10년(3.2%) 순서였습니다([그림 7-6]). 거의 모든 자산이 장
기적으로 인플레이션율보다 더 빠르게 상승했다는 것입니다. 중장

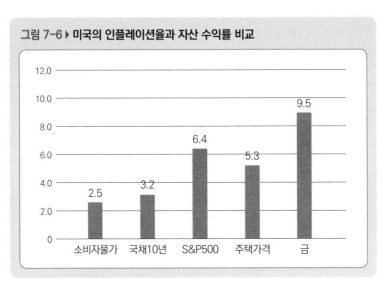

그림 7-6 ▶ 미국의 인플레이션율과 자산 수익률 비교

주: 2000.1~2022.12. 기준

자료: Federal Reserve Economic Data

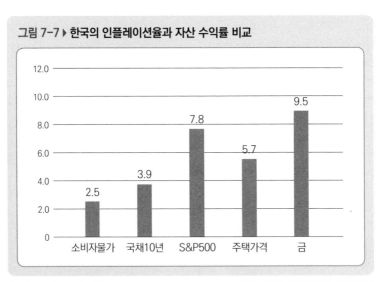

그림 7-7 ▶ 한국의 인플레이션율과 자산 수익률 비교

주: 2000.1~2022.12. 기준

자료: 통계청, KB국민은행, 한국거래소

기적으로는 어떤 자산에 투자해도 인플레이션을 헤지했기 때문에 다양한 자산을 보유해야 한다는 의미입니다.

한국의 경우도 미국과 비슷한 결과 나타났습니다. 지난 23년 월평균 소비자물가상승률이 2.5%였는데, 모든 자산 가격이 그 이상이었고 특히 코스피는 월평균 7.8% 상승하면서 물가상승률을 크게 웃돌았습니다([그림 7-7]).

경제지표 보는 법

8장
#경제지표 #한국은행 #통계청 #산업통상자원부 #해외 경제

지금까지 경기를 판단할 때 꼭 보아야 할 지표가 어떤 것이고 어디서 찾아야 하는지를 살폈습니다. 요약하면서 이 책을 마무리하겠습니다.

우선 국내에 주요 지표는 [표 8-1] 사이트에서 볼 수 있습니다.

한국은행에서
GDP 데이터를 볼 수
있습니다

한국은행에서 국내총생산(GDP), 국제수지 등을 발표합니다. GDP는 한 나라의 가계, 기업, 정부 등의 모든 경제주체가 일정 기간에 새롭게 생산한 재화와 서비스의 가치를 금액으로

표 8-1 ▶ **국내 경제 관련 주요 사이트**

발표기관(회사)	사이트 주소	내용
한국은행		국내총생산, 통화 및 금리, 환율, 국제수지 등
통계청		산업활동동향, 소비자물가, 고용
산업통상자원부		수출입동향

평가하여 합산한 것으로 해당 국가의 경제 상황을 종합적으로 파악할 수 있는 유용한 정보를 제공합니다. 명목 GDP는 해당 시점의 가격으로 평가하고 실질 GDP는 기준 연도의 가격으로 서비스와 재화의 가격을 계산합니다. 즉 가격이 변함없다는 가정에서 생산량의 변동만을 측정하므로 실질 GDP는 경제성장과 물가변동 등의 경제상황이 시간 경과에 따라 어떻게 변하는지를 살펴보는 데 효과적입니다. 한국은행이 자주 발표하는 경제성장률 전망치는 이러한 실질 GDP의 성장률을 의미합니다. 한국은행에서 분기별로 발표하는 GDP는 통계청의 산업활동동향과 더불어 경기를 종합적으로 판단하는 아주 중요한 지표입니다. 만약 실제 GDP가 잠재 GDP 아래에

있다면 그 경제에 디플레이션 압력이, 실제 GDP가 잠재 GDP 위에 있다면 인플레이션 압력이 존재합니다.

국제수지는 일정한 기간에 발생한 거주자와 비거주자 사이에 거래 내용을 종합적으로 기록한 것으로 크게 경상수지와 자본금융계정으로 구분합니다. 1998년 이후 1조 달러가 넘는 경상수지 흑자로 한국은 해외 직접투자와 증권투자를 했습니다. 그 결실로 한국의 경상수지 흑자는 지속할 전망입니다. 상품수지와 더불어 경상수지 흑자 폭은 축소되고 있습니다.

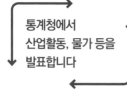

통계청에서 산업활동, 물가 등을 발표합니다

통계청에서는 산업활동, 물가, 고용동향을 발표합니다. 경제활동을 전개하는 개인이나 집단을 '경제 주체'라고 부릅니다. 크게 가계, 기업, 정부, 외국으로 구분할 수 있습니다. 이 중에서도 주로 소비를 담당하는 가계와 생산을 담당하는 기업의 역할이 큽니다. 따라서 가계와 기업의 현재 상황을 살펴보는 것은 경제 현황을 파악하는 효과적인 도구가 되는데 그 유용한 지표가 바로 산업활동동향입니다. 통계청에서 매월 말 발표하는 지난달의 산업활동동향 지표는 1개월간의 생산, 소비, 투자, 경기를 종합적으로 파악하게 해줍니다. 경기의 장기 추세를 파악할 때는 통계청에서 장기 데이터를 확보하여 분석합니다. 재고율지수 지표는 제조업 재고 상황과 추이에 따라 경기를 판단하는 데 쓰이고 동행지수 순환변동치를 통해 현재 경기를 판단할 수 있습니다. 또한 선행지수 순환변동치를 통해서는 앞으로의 경기를 전망할 수 있습니다.

통계청에서는 매월 물가동향을 발표합니다. 물가는 여러 상품의 가격을 일정한 거래 기준에 따라 가중평균하여 종합적인 가격 수준을 구한 것을 말하고, 물가의 움직임을 한눈에 알아볼 수 있도록 기준년을 100으로 하여 지수화한 것을 물가지수(Price Index)라 합니다. 최근 전 세계적으로 문제가 되고 있는 인플레이션은 물가가 계속 상승하는 현상이며 디플레이션은 물가가 지속해서 떨어지는 현상을 뜻합니다. 이들 모두 경제에 부정적인 영향을 미치므로 항상 주의 깊게 살펴보아야 할 것입니다.

고용동향도 통계청에서 발표합니다. 우리나라를 비롯한 주요 선진국의 핵심 선거 이슈가 일자리 문제인 것에서 알 수 있듯이 현대 경제에서 '일자리'가 갖는 중요성은 매우 큽니다. 먹고 사는 문제와 직결되기 때문입니다. 통계청은 매월 두 번째 수요일에 지난 달의 고용동향을 발표합니다.

산업통상자원부에서
발표하는 수출은
특히 중요합니다

매월 1일 산업통상자원부에서는 지난 달 수출입 통계를 발표합니다. 세계에서 이처럼 빨리 발표하는 나라는 없습니다. 수출입 통계를 보면 우리 경제뿐만 아니라 세계 경제의 흐름을 파악할 수 있습니다. 또한 업종별 경기동향도 파악할 수 있습니다.

국내뿐만 아니라 경기 국면을 판단하기 위해서는 해외 경제 관련 사이트 들어가서 공부를 해야 합니다. 제가 주로 보는 사이트는 [표 8-2]와 같습니다.

이들에서 볼 수 있는 내용을 간략하게 요약하겠습니다. 우선 국제금융센터에서 매일 아침 〈국제금융속보〉를 작성합니다. 여기에는 바로 전날의 주요 금리, 환율, 주가 등 금융변수와 원자자 가격 등의 동향이 요약되어 있습니다. 또한 주요 경제지표와 해외 주요 언론에서 다루는 경제 이슈도 요약되어 있습니다. 국제금융센터는 이를 무료로 제공합니다. 물론 다른 중요한 경제이슈는 유료로 제공합니다.

'Investin.com'에서는 주요 경제 변수의 실시간 동향을 볼 수 있습니다. 뿐만 아니라 각국 주요 경제지표의 예측치와 실제치도 확인할 수 있습니다.

블룸버그에서도 주요 경제지표와 다양한 경제 분석 기사를 볼 수 있습니다.

표 8-2 ▶ 해외 경제 관련 주요 사이트

발표기관(회사)	사이트 주소	내용
국제금융센터		글로벌 금융시장 동향과 이슈
Investing.com		실시간 데이터, 기술적 분석
Bloomberg		글로벌 경제분석기사 및 데이터
세인트루이스 연방은행		미국의 주요 거시 경제 데이터 경제 이슈 분석
국제결제은행 (BIS)		실질실효 환율
OECD		OECD 경기선행지수
IMF		세계 경제 전망, 주요 금융이슈 분석

세인트루이스 연방은행에 들어가면 미국의 거의 모든 경제지표를 찾을 수 있습니다. 특히 매일 장단기 금리차이를 그림으로 보여주면서 경기 흐름을 판단할 수 있게 해줍니다.

국제결제은행 사이트에서는 각국의 실질실효환율과 부채 상황을 볼 수 있습니다.

OECD에서는 당사국의 다양한 경제지표를 볼 수 있습니다. 특히 매월 각국의 선행지수를 보면서 관심있는 국가의 경기를 예측해볼 수 있습니다.

IMF에서는 분기별 세계 경제전망을 볼 수 있습니다. 또한 IMF는 경제 관련 다양한 심층 분석자료를 제공합니다.

경기순환
알고 갑시다

경기순환 알고 갑시다

초판 1쇄 발행   2023년 4월 20일

지은이 | 김영익
발행인 | 홍경숙
발행처 | 위너스북

경영총괄 | 안경찬
기획편집 | 안미성, 박혜민
마케팅 | 박미애

출판등록 | 2008년 5월 2일 제2008-000221호
주소 | 서울 마포구 토정로 222, 201호(한국출판콘텐츠센터)
주문전화 | 02-325-8901
팩스 | 02-325-8902

표지 디자인 | [★]규
본문 디자인 | 김수미
지업사 | 한서지업
인쇄 | 영신문화사

ISBN   979-11-89352-64-6   (03320)

winnersbook@naver.com | Tel 02) 325-8901